Comedia Famossa La Inclinacion Espanola

Francisco Antonio Bances Candamo

In the interest of creating a more extensive selection of rare historical book reprints, we have chosen to reproduce this title even though it may possibly have occasional imperfections such as missing and blurred pages, missing text, poor pictures, markings, dark backgrounds and other reproduction issues beyond our control. Because this work is culturally important, we have made it available as a part of our commitment to protecting, preserving and promoting the world's literature. Thank you for your understanding.

COMEDIA FAMOSA.
LA INCLINACION ESPAÑOLA.
DE DON FRANCISCO BANCES CANDAMO.

HABLAN EN ELLA LAS PERSONAS SIGUIENTES.

El Rey de Inglaterra.
Enrico, Galàn.
El Duque, Galàn.
El Conde, Galàn.
Conrado, Barba.
Carlos, Galàn Joven.
Sol, Infanta.
Aurora, Dama.
Celia, Criada.
Flora, Criada.
Federico, Rey de Escocia.
Guirrete, Gracioso.
Sotana, Gracioso.
Fabio, Criado.
Musica. Soldados.

JORNADA PRIMERA.

Descubrese una mesa con gran aparato, y Enrico, el Duque, el Conde, y Conrado comiendo, y Guirrete, Sotana, y Criados sirviendo la vianda mientras canta la Musica.

Musica. Quàl es nobleza mayor,
 en compuesta lid trabada,
 la que consigue la espada,
 ò la que hereda el honor?
1. Siempre es mejor::-
2. La que nace con la sangre.
3. La que hereda el valor.
Duq. Què bien, para mis intentos,
 de la Musica el primor, *ap.*
 supo buscar en la letra
 contingente la ocasion!
Cond. De lo acorde la dulzura, *ap.*
 no podia en mi favor
 haver acaso buscado
 mas acaso à mi intencion.
Conr. La compostura del tono *ap.*
 no encontrara con mejor
 assunto, de mi deseo
 la estraña proposicion.
Enric. En la letra, si reparo *ap.*
 al sonido de la voz,
 discurro, que puede ser
 su armonìa prevencion.
Guir. Sotana, no te consuela
 del guisado, y del licor
 la dulzura, y la alegrìa
 del olfato, y la razon?
Sot. Guirrete, lo que me tardo
 en mascar, es tal rigor,
 que hay diente con tal dentera,
 que se và haciendo denton.
Musica. Quien goza honor heredado,
 mayor aplauso merece;
 pero en su lustre enriquece
 el que en valor le ha logrado.
1. Luego es mejor::-
2. Lo que nace con la sangre.
3. Lo que adquiere el valor.
Duq. Quitad las mesas, y logre
 lo rendido de mi voz,
 del acierto enhorabuenas,
 y de las faltas perdon:
Quitan el aparato de la mesa, y quedanse sentados todos con palillos.
 Acierto, en el conseguir

por mis combidados oy
de Inglaterra las tres
columnas, en quien fundò,
para milagro de Europa,
su segura duracion;
faltas, si no en el deseo,
en fin, en la execucion.
Cond. A la fortuna de ser,
Duque, vuestro huesped oy,
mi amistad con el afecto
la enhorabuena se diò.
Conr. Al honor de conseguir
oy, Roberto, tanto honor,
el parabien le promete
mi gusto en mi estimacion.
Enric. Al extremo con que supo
cumplir vuestro esmero oy,
solo el silencio agradece
lo que no puede la voz.
Duq. Escuseme la respuesta
lo dulce de esse rumor,
que nuevamente combida
el oìdo à la atencion.
Musica. Quàl es nobleza mayor, &c.
Conr. Estraño argumento es
el que la musica diò.
Cond. Arguirle ya se ha visto,
decidirle no se viò.
Enr. Prevencion es, vive el Cielo, *ap.*
su tema. *Duq.* Hasta aqui bien voy. *ap.*
Conr. Lustre heredado es mas lustre.
Cond. Quièn duda, que es mas blason?
Duq. Quièn podrà negar, que es mas
nobleza? *Enric.* Lo niego yo.
Conr. Còmo? *Enric.* Proponed los tres
lo que dice vuestro error,
y respondiendo à cada uno,
escuchareis mi razon.
Guir. Sotana, estò es arguir?
vamonos de aqui. *Sot.* Allà voy,
que probo lo manducable,
y lo argumentable no.
Guir. No hay duda, que Esquivias dice,
haciendo allà la razon,
que probetur vinum, quando
ninguno le bautizò. *Vanse.*
Duq. Buelva la letra à decir
el medio à la proporcion.
Enric. Si me faltaren las letras, *ap.*

concluirà mi valor.
Musica. Quàl es nobleza mayor, &c.
Al paño el Rey por detràs de Enrico.
Rey. Que se quitaron las mesas
un Criado me avisò,
y oculto verè si el Duque
oy consigue mi intencion.
Duq. El Rey llegò ya. *Conr.* Por viejo
he de hablar primero yo.
Quien goza honor heredado,
no vive sujeto, no,
à que pueda decir yo,
que en èl lo noble ha faltado:
Al que el valor se le ha dado,
que es noble ya lo he sabido;
pero tendrà conocido,
que podrè decirle, que,
por lo menos, no lo fue
antes de haverlo adquirido.
Enric. Si al nacer possible fuera
adquirir lo que despues,
decirse pudiera, que es
desdoro lo que no era:
Pero si en la edad primera
essa nobleza se hallò
uno, y otro lo buscò;
entre los dos mas laurèl
podrà hacer con ella aquel
que sin nacer la ganò.
Cond. Que es noble, quien por su espada
lo ha sido, no se consiente,
que una cosa es ser valiente,
y otra nobleza heredada:
El que la goza assentada,
dà siempre ilustres despojos;
pero el que piensa à los ojos
de su aliento noble ser,
es porque no echa de vèr,
que le miran con antojos.
Enric. No hay nobleza assegurada,
que tenga buen fundamento,
si no crece en el aliento,
contando en la edad su espada:
Luego si es cosa assentada,
que del aliento ha nacido
todo lo noble, no ha sido
menos noble, el que, si no
se lo adquirieron, lo viò
en su valor adquirido.

Duq.

Duq. Que no es noble el que lo adquiere,
bien aſſegurado queda,
en verſe, que no lo hereda
de eſte, el que nace, ſi muere:
Porque ſi el que nació quiere
en la nobleza vivir,
que es noble no ha de decir,
menos que no ſe reſuelva
à que de nuevo lo buelva
con ſu valor à adquirir.
Enric. Con eſſa razon no mas,
queda tu razon vencida,
y que es nobleza adquirida
toda, diciendome eſtàs:
Y en preſumirlo aſsi, dàs
de la duda en la certeza,
de donde à decir empieza
mi razon aſſegurada,
que no hay nobleza heredada,
ſino adquirida nobleza.
Conr. Quando lo antiguo aſſegura
de lo noble la hidalguìa,
ſiempre fue nobleza mia
la que con el tiempo dura.
Enric. Eſſo ſolo fue ventura
de ſer antes, ò no ſer.
Duq. El mas noble es el nacer.
Cond. La eſpada tal vez faltò.
Enric. Como la govierne yo,
no ſe puede eſſo entender.
Rey. Que paſſe à enojo, recelo,
el tema, que los provoca.
Conr. Al que lo adquiere le toca
de adquirir mas el anhelo.
Enric. En eſſa ocaſion apelo
à mì, que lo conſeguì
todo de una vez. *Cond.* Aqui
ſe puede el luſtre negar.
Enric. Eſſo lo ſabrè probar.
Duq. Y còmo es la prueba? *Enric.* Aſsi.
De los Guzmanes, que à Eſpaña
tanto el honor enriquece,
que à faltarles ſus eſpadas,
fueran menos ſus laureles:
En la caſa de Sidonia
(grande, por ſus Aſcendientes,
tanto, como el tiempo ſolo,
ſu Choroniſta refiere)
nacì ſegundo, à llevarme,

ya que la herencia no fueſſe,
lo bien quiſto, que mi agrado
ſupo adquirir en ſu gente;
No porque mi hermano diera
ocaſion à que ſe vieſſe
en ſu eſtimacion mas corto
el afecto de parientes;
ſino porque de Señor,
aquellos como deſdenes,
no ſè què de deſagrado
para los ſubditos tienen.
De hermanos amantes, hizo
Amor, que paſſaſſe à verſe
dos enemigos hermanos:
Què no haràn bellas mugeres,
quando es cierto, que por ellas
rara amiſtad no ſe pierde?
En el Prado, que en Madrid,
para el Verano deleite,
para el Invierno recreo
es, gozando juntamente
de Febo en un tiempo rayos,
en otro el favor de ambientes
una hermoſura, una Dioſa,
una Deidad; pero ceſſe
en muger lo ponderable;
porque ſi en muger ſe entiende
abreviado Cielo, Cielo
era Laura ſolamente.
Eſte es ſu nombre, y ſu nombre,
ſi bien lo reparo, tiene
ſu belleza ponderada;
porque ſi à la Aurora verſe
puede el Sol, por eſta Aurora
brilla el Sol, Aſtro luciente:
que ceguè al verla, ſupueſto
la exageracion lo tiene,
que aunque no es vulgar belleza,
es ſu matar comunmente.
No faltò quien de ſu ſangre
contarme el luſtre ſupieſſe,
que las prendas ſoberanas
hay quien las venera ſiempre;
y eſtos para publicarlas
donde la ocaſion tuvieren,
en las aras del reſpeto
hicieron voto ſolemne,
à ſu obſequio dedicado;
porque intentar oponerſe

á su adoracion, seria
negar del Amor las leyes,
siendo una, que no se pueda
mirar su luz sin arderse.
Rondè, Clicie de su Alcazar,
buscando ministros fieles,
que al altar de su hermosura
en sacrificio ofreciessen
toda un alma, que vivia,
para idolatrar doliente.
Terciò el oro mi deseo,
y siendo el mejor sirviente
à este culto dedicado,
logrè, que Laura atendiesse
la firma de mis extremos,
entre el chiste, con desdenes,
con que de divina entonces
preciada, los accidentes
de mi fè un milagro vieron
executar sus poderes.
Sanè, con una palabra,
del temor, y ya sin èste,
el amor creciò à escuchar
tan grande remedio breve:
Enrique (me respondiò
desde el trono mas luciente
de su honestidad) mi padre
es en mì solo el que puede.
De aqui, claro està, vinieron
las esperanzas à verse
en la possession, las ansias
à pretender, que luciesse,
Mariposa de su ardor,
para que las noches, breves
en mi cariño, gozando
de su agrado, entre esquiveces
de su honesto ser, tuvieran
de dia justos poderes,
para atreverme à pedir
lo que no pudo atreverse
à merecer mi amor: grande
estaba quando la suerte
la dicha quiso robarme,
y quiso el mal proponerme.
A mi hermano le dì parte
de mi amor: ò error urgente
del hombre, pensar acaso,
que ser mas crecidos pueden,
y en particular de afectos,

comunicados los bienes!
Què desgracias no ha traìdo
este pensamiento dèbil?
Digalo yo, pues apenas
mi hermano mis pareceres
supo, quando con secreto,
bien que atento, diligente
quiso vèr, y quiso amar,
que uno de otro es consiguiente.
Viò à Laura, y la amò, à pesar
de nuestra lealtad: tan fuerte
era el imàn de su rostro.
Què castigos no previene
el Cielo, à quien de un amigo
falta à las debidas leyes?
Digalo una noche, quando
à adorar en las paredes
de un Jardin los yerros blandos,
que en Amor lo duro pierden,
un bulto diviso cerca
de la reja, que decentes
passos daba à los cariños
de la voz tan solamente.
Si era acaso discurria
algun tiempo, que al ser breve,
era en mi recelo grande;
quando atendì, que el aleve,
al abrir el Sol un corto
postigo, llegò imprudente,
diciendo: Enrique soy, Laura;
y apenas lo dixo: Mientes,
respondì; y me replicò:
Pues serà verdad tu muerte.
Que mintiò, no hay duda, quando
se viò, que pude por suerte,
no por mas valor, al alma
dar en una punta breve
lugar, para que en la tierra
difunto el cuerpo cayesse.
Tu hermano soy, antes dixo
entre el desmayo: hà crueles
razones de la ira, quàndo
acertais los accidentes!
El sin vida, yo confuso,
no sè como pudo verse
en un instante, èl cercado
de la confusion de gente,
y yo en un sagrado, donde
supe el dolor mas vehemente,

que

que la tiranìa pudo
formar entre los crueles.
Supe, que à Laura (què angustia!)
se atreviò osada la muerte,
en pensar, que yo el difunto
era: ò engaño de la gente!
A esta pena se añadieron
en irritados parientes
el furor, y en el respeto
de un padre el enojo fuerte;
tal, que borrò à las piedades
de ser hijo los poderes;
y sobre todo, de un Rey
la justicia, de tal suerte
furiosa, que en el sagrado
no encontraba suficiente
defensa à sus amenazas.
Y asì, viendo que mas muerte,
que vida, serìa la vida
expuesta à tantos baibenes,
de un Avito socorrido,
y cortos amigos fieles,
pasè à Flandes, donde poco
seguro, en los accidentes
de mi mal, en Francia, Italia,
y Alemania, diferentes
años, en el disimulo,
vivì; y en efecto, verme
conseguì en Inglaterra,
à tiempo::- Escuchad desde este
punto, lo que ya sabeis,
que aunque el decirlo os moleste,
contar no se puede el fin,
sin que el principio se cuente.
Lleguè à tiempo, que Clotaldo,
Rey de Inglaterra (esse,
que, Astro ya en el Cielo, luce
por lucero mas celeste)
contra Anselmo, Rey de Escocia,
porque pudo osadamente
negarle el feudo, en cobrarle
empeñò bizarras huestes.
Aventurero en el Campo
me introduzco, donde ardiente
en la sed de que una bala
pudiera encontrar mi muerte,
tanto empeñè los esfuerzos,
que por diferentes veces
al Rey librè de ser preso.

Al Principe, que es quien tiene,
oy Rey, la Corona, que
eterna el Cielo prospère,
dì la vida; y al de Escocia
prendì, cuya hazaña puede
decir mi brio, que fue
de la victoria la suerte.
Estos hechos encontraron
en Clotaldo, y juntamente
en Enrique, tanto afecto,
que en el tiempo de tres meses,
de Capitan el baston
General me viò la Plebe
subir, y de aqui, muriendo
Clotaldo en tiempo muy breve,
à la privanza de Enrique,
en el Condado de Leste,
gozando en Madama Inès,
su heredera solamente,
dos grandezas en un tiempo;
sin que conseguir pudiesse,
ni Enrique con sus cariños,
ni Clotaldo en sus poderes,
saber de mì lo que haveis
oidome atentamente.
Tres lustros, y mas havrà,
que Inglaterra en mì tiene
una espada, que la ampare,
privado, que la defiende,
y Vassallo, que la sirva;
sin que sepa, aunque moteje
mi silencio, de mì mas,
què ser, pues es suficiente
para el lustre, un Español.
Direisme, què causa tiene
para callarlo hasta aqui
mi discurso? y brevemente
dirà, que son en España
tan temidos los poderes
de su Rey, que de temor
he callado. Si os parece
necedad, no lo juzgueis,
quando son Dioses los Reyes
en la tierra; y si en la tierra
el que le ofende le ofende,
dònde vivirà seguro
el leal de no temerle?
Pero ya que provocado
de vosotros, en banquetes,

en tonos, en ocasiones,
me veo, el dia se llegue
en que sepais, que os igualo
en la sangre, por dos veces;
una por Guzmàn, que basta;
y otra, para que se quede
esta aparte, por Inglès,
en el valor que me tiene
en tanto favor de Enrique.
Y si embidioso, imprudente,
ò atrevido, huviere alguno,
que no imagine, no piense,
que, sin lo Guzmàn, le iguale
en lo Español, solamente
con la nobleza adquirida,
sin que la heredada llegue;
arranque aqueste puñal
de la mesa, porque pruebe,
que soy hijo de mis obras,
y que mis obras le exceden.

Clava un puñal en la mesa, y se levantan todos, el Duque le coge por el puño, el Conde por los filos, y Conrado empuña la espada.

Duq. Yo solo le he de quitar.
Cond. Mio ha de ser el empeño.
Rey. Raro lance! *Conr.* Por su dueño
yo solo me he de quedar,
que si me veis empuñar
el acero, solo es,
porque así pretendo, pues
el puñal no conseguì,
que el puñal dexeis ai,
ò reñirè con los tres.
Cond. La mano haveis de cortar,
ò el puñal es de la mano.
Duq. Hareis, que passe à tirano,
Conde, con el porfiar.
Rey. El empeño es singular!
Enric. A que os resolvais espero.
Conr. Yo os darè muerte primero,
mientras dura su porfia.

Sacan Conrado, y Enrico las espadas, y al embestirse suelta el Conde el puñal, y saca la suya, poniendose en medio, y quedase el Duque con èl.

Conr. Solo con esso podia
soltarle, pues considero,
que pierde el lance mi brio

Duq. Pues si el lance en caso tal,
es de quien tenga el puñal,
el puñal es solo mio.
Conr. Intentarlo es desvario.
Cond. E impossible en mi despues.
Enric. Pues el medio mejor es
de componeros aqui,
que el puñal dexeis ai,
y riñais juntos los tres.
Rey. Su esfuerzo no tiene igual!
Duq. Conde, el lance mio fue.
Cond. Duque, yo lo reñirè.
Conr. Yo cedo luego el puñal,
pero el lance no harè tal.
Enric. Mal mi colera resisto. *ap.*
Sepamos, pues que me obligo
à ser en el tema Juez,
con quièn debe aquesta vez
reñir mi valor? *Sale el Rey.*
Rey. Conmigo. *Embainan las espadas.*
Todos. Gran señor. *Rey.* Duque, el puñal
buelve al Conde; y sabe, Enrico,
que yo me quedo con èl,
aunque en ti lo deposito:
guardale, hasta que le pida,
y sepa decirte el brio,
que hombre sabrè entrar al lance,
si Magestad me retiro,
que de un Guzmàn à un Rey cabe
lo que no de un Rey à Enrico.
Duq. El puñal doy, porque basta::-
Rey. Basta, que sea gusto mio: *Dasele.*
no es esto? *Duq.* Si, gran señor.
Enric. Essa distincion no admito,
señor, que à Guzmàn, y à Enrique,
sois, señor, siempre uno mismo.
Rey. Bien està: Duque, Conrado,
Conde. *Los 3.* Señor.
Rey. Dad à Enrico
los brazos, y esta amistad,
ved que soy yo quien la hizo.
Duq. Quando duda en el aliento::-
Cond. Quando recela en el brio::-
Conr. Quando piensa en mi valor::-
Enric. Sin el lance, no imagino,
sino que al mirarse en èl, *Abrazanle.*
cada uno hiciera lo mismo.
Rey. Pues se acabò su silencio,
Guzmàn siempre esclarecido,

gra-

gracias al combite impuesto
al gusto de mis arbitrios;
pues eres gloria de España,
Inglès supuesto, y prodigio,
razon es, que mi secreto
oy tenga fin, y principio
el mas prodigioso caso,
que en las historias escrito
la curiosidad havrà,
ni en sus discursos leido.
Muerto Clotaldo mi padre,
como dixiste, Enrico,
de tres lustros, poco mas,
empuñè el Inglès dominio.
Quedò Rosaura mi madre
expuesta à un parto vecino,
y casi à un tiempo se vieron
en mi Reyno regocijos,
y lagrimas; el pesar
por Clotaldo, Rey invicto,
y el gusto, porque Sol bella,
hermana mia, prodigio
de belleza, saliò à ser,
en el desconsuelo mio,
y en mi aclamacion amante
compañera; el regocijo,
por mi coronacion grande,
y el dolor, por haver sido
tal el parto, que muriò
de un accidente contiguo.
Una noche en este tiempo,
quando en los dos, mas amigo
era yo, que Rey, y tù
mas que vassallo, valido;
iguales hasta en la edad
de tres lustos distinguidos,
y dos años, si te acuerdas,
en mi mesa un exquisito
certamen del valor, fue
el genero del palillo.
A la Inglesa Nacion unos
daban el valor unidos;
à la Francesa tambien
otros; y mudando estilo
muchos, à muchas dexaban
lucidas en sus arbitrios.
Tù à la Española no mas,
excedias en el brio;
tanto, que para la prueba,
dexando lo discursivo,
dixiste, que si en el centro
de la tierra, infante un Niño
Español entràran, donde
del Sol no viesse lucidos
los rayos, ni alli supiera
de las Armas, ya por Libros,
ò por voces, al sacarle
vieran, supuesta al designio
su edad bastante, que solo
se inclinaba, no à exquisitos
adornos de galas, no
à curiosidad de arbitrios,
sino à las Armas, por ser
esse de España el prodigio:
esto dixiste, bien puedes
acordarte de ello, Enrico.
Tuvo fin el argumento;
pero tuve yo principio
à lograr una experiencia
en el sucesso mas digno,
que, buelvo à decir, havràn
los mas expertos leido.
Tu esposa Madama Inès,
que guarde el Cielo mil siglos,
Sol de Inglaterra, diò
à la luz del mundo un hijo,
tres lustros havrà, y los propios
ha que le llora perdido;
porque yo, que en el poder
todo es facil, con dominio,
y con industria, le pude
robar: Dexemos, Enrico,
tu llanto, los desconsuelos
de Madamà, y mis alivios;
y vamos, à que à Conrado
entreguè el infante mismo,
y avisado de mi intento
con el ladron atrevido,
que le hurtò, en la Quinta pudo
dexarle en secreto sitio.
En ella ha vivido Carlos
(que assi le llamò el Bautismo)
sin vèr del Sol los hermosos
rayos, sin tener avisos
del valor, porque à Conrado,
y el que le robò, el peligro
notifiquè de su muerte,
si con la lengua, ò con Libros

da-

daban noticia de España,
daba del valor indicios,
ò si faltaba por suerte
de la carcel, ò retiro.
Que me culpes lo cruel,
Enrique, te lo permito;
pero llantos, que se acaban,
como este, en regocijo,
dixera yo, que tenían
para agradecer motivos.
Carlos, en efecto, tuvo
la asistencia en mi cariño,
la enseñanza de Conrado;
y en fin, con los requisitos
todos, que dixistes, para
vèr si se inclina à los brios,
antes que à otra cosa, yace
de la Quinta en lo escondido.
Ya que te has vencido tù,
y que tu honor nos has dicho,
salga Carlos à dexar
de tu Nacion mas lucido
el crèdito: la razon
ya en su edad tendrà dominio;
porque si mi hermana Sol
cuenta tres lustros lucidos
mañana, los mismos Carlos
ha de tener, si distingo
en pocos dias de menos
iguales sus dos prodigios.
Alegre à Madama el gusto,
empiece en tì el regocijo;
y esse Rey de Escocia, joven
valeroso, Federico,
que hijo de Anselmo, me niega
el feudo, porque en olvido
pone, que su padre tuvo
de su osadìa el castigo,
luego halle de su osadìa
el escarmiento debido:
que claro està mi trofèo,
llevando para adquirirlo,
del que à su padre venciò,
un rayo nuevo en un hijo.
Duq. Maravilloso sucesso!
Cond. Caso, por cierto, exquisito!
Conr. Llegò el fin de mi cuidado.
Enric. Es tàl, señor, el festivo
gozo, que en el corazon
dexò tu voz esculpido,
que à las gracias el silencio
es el mas propio camino.
Dichoso::- *Sale Guirrete.*
Guir. Señor? *Enric.* Què traes?
Rey. Què dices, Guirrete? *Guir.* Digo,
que à dar una buena nueva
à mi amo el Conde he venido.
Enric. Dì, que aunque fuera pesar,
es tanto el contento mio,
que se llevarà esta vez
la plaza de regocijo.
Rey. Quàl es? *Guir.* Mi ama la Condesa,
para irse à cenar con Christo
està, de tal forma, que
tiene la casa en un grito.
Enric. Ay de mì! gran señor. *Rey.* Presto
acude, Enrique, à su alivio,
y en el accidente, mira,
que esperarè los avisos.
Enric. Si su enfermedad, señor,
procede de haver perdido
un hijo, voy à que sea
su salud hallar un hijo. *Vase.*
Rey. Es essa la buena nueva?
Guir. Si señor, pues si averigue
bien, què mayor alegrìa,
que el enviudar un marido? *Vase.*
Rey. Venid todos à saber
en mi quarto los designios,
con que he de vèr si se inclina
Carlos, como dice Enrico,
à las Armas, antes que
à otra cosa. Ay amor mio, *ap.*
que no sabe, que es amor
donde mi poder inclino! *Vase.*
Duq. Aurora, què fin tendrà
en tu esquivèz mi cariño?
Irè à saber si Sotana
logrò en Celia mis designios. *Vase.*
Cond. Què principios mis afectos
tendràn, Aurora, en lo esquivo?
Irè à saberlo de Julio,
si diò à Celia el papel mio. *Vase.*
Conr. De esta vez en mis temores
dichosamente me libro. *Vase.*
Salen Aurora, y Celia con dos papeles.
Celia. Uno ha de ser de los dos
el que leas por mi ruego;

De Don Francisco Bances Candamo.

y afsi, elige al Duque, ò Conde.
Auror. A ninguno oìr pretendo;
y afsi, Celia, no prefuman
tan fuperiores fugetos,
que cupo en mì el efcucharte,
fin caftigar tus defeos.
Ay ciega pafsion, què en vano *ap.*
imagino que te ofendo,
fi eftàs impofsible à fer
para mis penas confuelo!
Cel. Señora, fi alguno fuera
del Rey, que tu amante ciega
tambien te fefteja, vaya,
que tuviere effe defpejo;
pero fi en los dos, el uno
puede merecerte dueño,
por què tan efquiva? *Auror.* Calla,
calla, ò vive el fufrimiento
de mi dolor, que te cuefte
la vida effe penfamiento.
Ay ignorado pefar, *ap.*
folo à tì es à quien me entrego!
Cel. Pues el Conde::- *Al paño el Conde.*
Cond. En mì habla Celia:
à efcuchar lleguè à buen tiempo.
Cel. No es galàn, y bizarro? *Auror.* Sì,
Celia, yo te lo confieffo.
Cond. Feliz foy. *Auror.* Pero què importa,
para quererle todo effo,
fi no es mi gufto? *Cond.* Ay de mì!
à infeliz tu voz me ha buelto.
Cel. Pues fi no es el Conde, el Duque::-
Al paño el Duque.
Duq. El Duque dixo? Yo atiendo,
que Celia habla en mì, fin duda;
à què buena ocafion llego!
Cel. Es entendido, valiente,
es::- *Auror.* Sì, Celia, no lo niego.
Duq. Què dicha! albricias, Amor.
Auror. Pero yo al Duque aborrezco.
Duq. Què efcucho, pefares! *Cel.* Pues
di, señora, què es tu intento?
has de fer Monja? *Auror.* A tì, Celia,
nada te importa el faberlo.
Cel. Tienes otro amor? *Auror.* Mi amor
es mayor. *Cond.* Què efcucho, zelos?
Duq. Què oì, rabias? *Auror.* Mayor es,
pues es amor fin remedio.
Cel. Es, señora, el Rey acafo?

Al paño el Rey por en medio de los dos.
Rey. El Rey dicen, quando llego?
quiero oìr. *Auror.* Què es lo que dices?
has perdido, Celia, el fefo?
Al Rey yo, mira, es verdad,
que le eftimo, le venero::-
Rey. Què fortuna, Amor, es efta?
Cond. Pefares, què es lo que atiendo?
Duq. Què es lo que efcucho, cuidado?
Auror. Como à mi Rey en efecto:
pero querer de otra fuerte
yo à quien bufca en fus extremos
mi deshonor, antes puede
dexar de fer Aftro Febo.
Rey. Ay de mì! què poco dura
la gloria de los afectos!
Cel. Pues, señora, eftà bien todo
lo que dices, y lo creo;
pero efta vez, por mi fola
has de leer, mas por juego,
que por gufto, de los dos
amantes tuyos, fecretos
los papeles. *Rey.* Què he efcuchado?
otros caufan mis defprecios?
Auror. Engañarèla (Ay amor!) *ap.*
y los rafgarè; que necios,
por necedad de quien fue
miniftro de fus defeos,
efte caftigo merecen.
Rey. Quièn feràn caufa en mis zelos?
Auror. Damelos, y los verè
ambos. *Cel.* Toma efte primero. *Dafele.*
Duq. Què es efto, penas? *Cond.* En vano
no creer fu engaño quiero.
Auror. Dame el otro. *Cel.* Lee el uno.
Auror. Ya::- *Sale Conrado.*
Conr. Què papeles fon effos?
Auror. Mi padre: ay fuerte infeliz! *ap.*
Cel. Mi señor: ay cruel viejo! *ap.*
Cond. Conrado: eftraña ocafion!
Duq. El Marquès: raro fuceffo!
Rey. Su padre: empeño terrible!
Conr. No hablais?
Auror. Señor::- grave aprieto! *ap.*
Cel. Yo::-
Conr. Pero què es lo que aguardo,
quando puedo yo faberlo?
Dadme los papeles. *Auror.* Efte::-
Cel. Y efte::- *Sale el Rey.*

Rey. Contado? *Conr.* Què es esto? *ap.*
Gran señor. *Rey.* Venid conmigo:
Debame Aurora este empeño. *ap.*
Cond. Buen acaso! *Duq.* Feliz suerte!
Auror. Sola en esta ocasion puedo
decir, que el Rey agradò *ap.*
con su vista mis tormentos.
Cel. Alguna dueña le trajo. *ap.*
Rey. No venis? *Conr.* Quise primero
recibir de Aurora, y Celia
dos memoriales dispuestos,
à que dos Soldados logren
de sus servicios el premio.
Hanse valido, señor,
de las dos en el empeño,
y me los daban, porque
darselos pudiera luego
à Enrique yo. *Auror.* Mas pesares! *ap.*
Cel. Ay, què embuste! *Cond.* Mas empeño!
Duq. Mas confusion! *Rey.* Està bien:
assi logro mis deseos. *ap.*
Si dandoselos à vos,
haveis de darlos vos luego
à Enrique, y Enrique à mì,
escusar serà rodèos,
que yo los reciba, y tienen
assi mas cercano el premio.
Cel. Tomate essa. *Auror.* Estoy sin mì!
Cond. Hay mas sustos?
Duq. Hay mas riesgos?
Conr. Errè el lance. Gran señor,
es que Aurora::- *Salen Sol, y Flora.*
Sol. En este puesto,
gran señor? *Rey.* Si, hermana, donde
ya con Aurora te dexo,
para que recibas tù
dos memoriales, dos ruegos
suyos, que para negarlos
à mì, no apuro el pretexto:
miralos, y me diràs
despues lo que pide en ellos.
Venid, Conrado: que digas, *ap.*
Aurora, de mì no quiero,
que me valgo del poder
antes que del rendimiento. *Vase.*
Conr. Bolverè à saber, honor,
lo que contra tì sospecho. *Vase.*
Sol. Què memoriales, Aurora,
son los que el Rey dice? *Auror.* Siendo

en tu amor pùblico el mio,
no haya en el mio secreto.
Una osadìa, una loca
vanidad, y atrevimiento
de dos, que amantes::- *Sol.* Espera:
Què es esso de amantes, hechos
Jueces mis oidos? sabes
quièn soy? sabes, que aborrezco
del ciego Dios las que llamas
disculpas, quando son yerros?
Què es amor, quando te escucho?
què es amor, quando te atiendo?
sin tì estàs, pues no conoces
lo que me ofendes: atento
tu discurso lo examino,
Aurora, porque te advierto,
que no bolverè à escucharte,
si dura tu pensamiento. *Vase.*
Auror. Dice bien la Infanta: Amor
ha de ser como el que tengo,
que lo sè yo de tal modo,
que me admiro de saberlo.
Cond. Què haremos, pesares mios?
Duq. Dolores mios, què haremos?
Auror. Dime, aleve, he de passar
por tì desaires tan fieros?
por tì he de arriesgarme yo?
por tì::- *Sale el Duque.*
Duq. Yo, señora, tengo
no mas el delito, que oy
à vuestros ojos confiesso.
Cond. El Duque escuchaba? *Auror.* Celia,
buelve con todo respeto
esse pliego al Duque, que
como sus nemas no entiendo,
ò no vino para mì, ò vino,
segun presumo, por yerro.
Duq. Si el desprecio fuera solo,
solo fuera un sentimiento
el mio; pero se añaden,
para ser dos, unos zelos.
Auror. En quien no cupo el amor,
zelos no caben. *Duq.* Es cierto;
pero puedo presumirlo,
à la vista del extremo
en que otro afecto consigue
de vuestra mano el afecto.
Auror. Pues mirad quàl es mejor,
un desaire, ò un desprecio?
Duq.

Duq. El desprecio; porque aora
sabrè quien me enoja.
Arroja el papel Aurora, y al quererle levantar el Duque, sale el Conde, y le alza.
Cond. Esso
no serà, mientras yo vivo.
Duq. Matareos para saberlo. *Empuñan.*
Auror. Duque, Conde, no el ser yo
quien os mira en el empeño
baste, sino el sitio, donde
lugar no tiene el acero.
Duq. La advertencia tiene toda
la razon en mi respeto;
y assi en otra parte::- *Cond.* Quando
sea lo mejor, es presto.
Duq. Seguidme. *Cond.* Vamos.
Sale Enrico. A dònde,
señores? *Duq.* A obedeceros.
Cond. A serviros. *Auror.* Si havrà Enrique
notado sus desaciertos? *A Celia ap.*
Cel. No, que no entràra tan blando.
Enric. Mios son essos empeños,
porque os atiendo muy mucho;
ved en què forma os atiendo,
que jurara, que los dos
ibais aora descompuestos.
Auror. Sin duda, que lo escuchò. *ap.*
Cel. Y dissimula. *Auror.* Es discreto.
Duq. Yo soy amigo del Conde.
Cond. Amigo soy de Roberto.
Enric. Y yo soy testigo; pues
cuidado, que en mis alientos,
si es, como presumo, enojo
el que os lleva, es mio el duelo.
Duq. No serà, quando no hay causa:
guardeos Dios.
Enric. El mismo os guarde.
Duq. Verà mi furia. *Vase.*
Cond. Arderà mi fuego. *Vase.*
Enric. Bella Aurora, no es milagro,
que à la vista de tu cielo
no haya vidas, que no arriesguen,
por ganaros, el perderos.
Auror. Señor Conde (aqui, valor, *ap.*
te necesito) si tengo
la culpa yo, puede ser,
que sea en mi sin quererlo.
Al paño el Rey. Dexè à Conrado, y aqui
llego otra vez; mas què veo?
con Enrique està. *Enric.* Disculpas
para mi no son de efecto.
Esto es, señora, no mas,
que alabar vuestros empleos.
Rey. Què escucho? *Auror.* Quisiera yo
miraros sentido en ello.
Ay, Amor, lo que me ofendes! *ap.*
Enric. Ay, Aurora, lo que peno *ap.*
en mirarte! *Rey.* Estoy confuso.
Cel. Y el papel queda suspenso. *ap.*
Enric. Sentido quisierais verme?
Auror. Sì. *Enric.* Con que yo decir puedo,
que disculpada tambien
podia estimar el veros.
Rey. Enrique à Aurora, y Aurora
à Enrique? hay mas grave yerro!
Auror. Yo tengo amor sin disculpa.
Enric. Yo amor con disculpa tengo.
Cel. Esso tenemos aora?
Rey. Hay tal linage de zelos?
Auror. Madama Inès::- (ay de mi!)
Rey. Zelos le pide. *Auror.* Del fiero
accidente queda ya
en su alivio? y mi tormento. *ap.*
Enric. Si señora, que el dolor
tuvo en mis males remedio.
Auror. Sea por felices años.
Rey. Vive Dios, que estoy sin seso.
Enric. Sea, pues es vuestro gusto.
Sale Conrado. Los memoriales::-
Cel. San Pedro!
Conr. Dònde estàn? *Auror.* Al Conde estaba
dandoselos à este tiempo.
Toma el papel à Celia, y se lo dà à Enrico.
Rey. Bolviò el Marquès cuidadoso.
Conr. Què esto me suceda? *Auror.* Esto,
que os suplico, haveis de hacer,
señor Enrique. *Enric.* Suspenso *ap.*
estoy! *Auror.* Del que ya guardasteis,
à este memorial, los dueños
me cansan, en que de vos
me valga, libradme de ellos:
miradle con atencion,
y si mereciere premio,
dadsele, sin que se sepa,
que soy yo por quien se ha hecho. *Vase.*
Enric. El papel he de leer,
por si apuro en èl su dueño.
Lee aparte. Un amor, como locura,

llega à vuestro entendimiento,
por si en lo imposible cabe
algun posible sosiego.
Esto dice solo. *Conr.* Honor, *ap.*
cobrar el papel debemos.
Enric. Què me dice Aurora assi? *ap.*
pero no sè si lo entiendo.
Conr. Enrique, esse memorial
errò Aurora, à lo que creo;
y assi, dexad que le vea,
corregirè yo su yerro.
Rey. Irritado està el Marquès.
Enric. Sin duda, que viò este pliego *ap.*
antes en Aurora. *Conr.* No
me respondeis? *Enric.* Còmo puedo
decir mas de que una vez,
que ya en mi mano estuviéron
los memoriales, el Rey
solamente puede verlos?
Conr. Siendo de mi hija, esta vez,
Conde, pediroslos puedo.
Enric. Pero yo puedo negarlos.
Conr. Què importa, si valor tengo?
Enric. Para què? *Conr.* Para cobrarlos.

Sale el Rey.

Rey. Enrique? *Enric.* Señor supremo?
Rey. Vèn conmigo, acabaràs
lo que con Conrado tengo
empezado, ya que no
pudo esperar para hacerlo.
Conr. Señor, fue::- *Rey.* Ya lo discurro,
Marquès, porque estais muy viejo:
no es assi? *Conr.* Señor::-
Rey. Vèn, pues,   *Yendose.*
Enrique. *Enric.* Ya te obedezco.
Conr. Si el Rey os desocupàre,
Conde, en el Parque os espero.
Enric. Està bien.
Rey. No venìs? *Enric.* Ya
os iba, señor, siguiendo.
Rey. El papel me ha de entregar,
ò ha de morir à mi acero. *Vase.*
Enric. Què yo no te entienda, Aurora!
què mucho, si no me entiendo? *Vase.*
Conr. Verà el Español, que vive
entre aquesta nieve el fuego. *Vase.*

Sale el Duque con espada, y rodela.

Duq. Arrojos del valor, quando
son en pùblico, tuviéron

en la paz fines de gusto;
y pues el gusto no quiero,
perdida Aurora, bien hice
en dilatar el empeño
con el Conde à este retiro,
y de la noche al silencio.

Sale el Conde con espada, y rodela.

Cond. Quièn sino yo, por favor
ha defendido un desprecio?
que el papel, sin mas aplauso,
que haver estado sujeto
de Aurora à las manos, traiga
oy en mi forzado el duelo
de ocultarle; y en el Duque
de robarmele por esso?
Duq. Una vez que quise vèr
el papel, ya es fuerza verlo.

Sale el Rey, y Enrico siguiendole con espadas, y rodelas.

Enric. Dònde me traerà el Rey, sin
haverme hablado? suspenso
le sigo. *Rey.* Aquesto ha de ser
à costa de mis alientos.

Sale Conrado con espada, y rodela.

Conr. Si el Rey dà lugar, no dudo,
que salga Enrique à mi acento
llamado; y assi, à esperarle
se adelantan mis deseos.
Duq. Solo està el Parque, fino
de las sombras miente el velo.
Cond. Si la noche no me engaña,
que esta solo el Parque veo.
Rey. Enrique, alcanzas acaso
si hay quien escuche mis ecos?
Enric. La obscuridad solamente
podrà escucharnos: què es esto? *ap.*
Conr. Si mi vista no es escasa,
soledad notable siento.
Rey. Pues saca la espada. *Enric.* Què oigo?
Duq. Ya tarda. *Cond.* Que tarda creo.
Conr. Si vendrà? *Rey.* Sabes, Enrique,
que quedè con el acero
del puñal yo, aunque de tì
le confiè? *Enric.* Ya me acuerdo.
Rey. Pues yo he de saber tu brio,
y he de lucir el empeño.
Mal dissimulo. *Enric.* No digan
en jamàs de mì los tiempos,
que la espada esgrimi osado

contra quien por Rey venero.
Rey. Riñe, cobarde. *Enric.* Y pues tanta
es la obscuridad, trofeo
sea esta vez el retiro,
si tantas fue vituperio.
Retirase, y encuentra con el Duque, y el Conde con el Rey, y Conrado en medio.
Rey. Ya, Conde, te espero. *Cond.* Y ya
aguardo irritado. *Rey.* Siendo
solo el fin de darte muerte,
olvidando otro pretexto,
quitarte el papel, que Aurora
tuvo en sus manos. *Duq.* Ya espero,
Conde, vèr tu brio. *Enric.* Este
es Conrado, pues advierto   *ap.*
no ser el Rey. *Duq.* El papel
me haveis de dar. *Enric.* El es, Cielos:
reñirè con èl, aunque   *ap.*
por rigor de Aurora temo.
Rey. Què respondes? *Duq.* Què me dices?
Cond. Que dar el papel no puedo.
Enric. Que te darè muerte antes.
Rey. Tu muerte serà esse excesso.
Duq. Pues te quitarè la vida. *Riñen los 4.*
Conr. Què es lo que escucho! en un tiempo
armas en dos partes, sin
ser mi valor el pretexto?
dònde irà, que acierte el brio?
Dentro. Acudid al Parque presto.
Rey. Què no le acabe mi enojo!
Enric. Què me dure tanto un viejo!
Duq. Què assi defienda mi furia!
Cond. Què resista assi mi esfuerzo!
Conr. Luces, y Soldados llegan:
introducirme pretendo,
ya que no logrè mis iras.
Salen Soldados, y Guirrete, y Sotana con luces, y entre ellos Conrado.
Sold. Favor al Rey. *Conr.* Què es aquesto?
Guir. Cierra España. *Sot.* Muera Escocia.
Rey. Què es lo que miro! *Enric.* Què veo!
Cond. Yo contra el Rey?
Duq. Contra Enrique
yo? *Rey.* A mi lado està puesto
Enrique? y el Duque, y Conde
contra los dos? *Enric.* Yo riñendo
con el Duque? *Guir.* Matachines
unos, y otros parecemos.
Rey. Què harè? *Sold.* Què ordenes, señor,

aguardamos? *Dentro.* Fuego, fuego.
Guir. Jesu-Christo! *Rey.* Què rumor
es aquel? *Dent. uno.* Acudid presto,
que en el quarto de la Infanta
es lo voràz del incendio.
Fuego, fuego. *Rey.* Què he escuchado?
Nada mando, solo quiero,
que aquellas llamas no logren
lo que previenen los ecos.   *Vase.*
Conr. De mis dudas otra vez
apurarè lo suspenso.   *Vase.*
Dent. Fuego, fuego. *Duq.* Aquel clamor
es antes que mis recelos.   *Vase.*
Cond. Aquel acaso ha de ser
la tregua de mis tormentos. *Vase.*
Dent. Fuego, fuego. *Enric.* Lo confuso
se acabe con lo violento.   *Vase.*
Guir. Sotana? *Sot.* Guirrete? *Guir.* Vamos
à saber desde muy lejos,
por que el Poeta acabò
la Jornada en::- *Todos.* Fuego, fuego.

JORNADA SEGUNDA.

Salen Conrado, y Fabio con una luz, y se descubre Carlos leyendo.
Conr. Dònde està Carlos? *Fab.* Ya es
essa pregunta escusada,
pues en no estando tù aqui,
de los libros no se aparta.
Conr. Son los mas fieles amigos.
Fab. Llego à decirle que te hallas
en la Torre? *Conr.* No, que verle,
para que me buelva basta,
pues à verle entraba solo.
Quedate, Fabio, y repara,
que oy se acabarà lo oculto
de prision tan dilatada.
Fab. Què dices?
Conr. Mas de esto à Carlos::-
Fab. Què, señor? *Conr.* No digas nada. *Vase.*
Carl. España: valgame el Cielo!
En quantas lecciones vàrias
he passado, à costa de
soledad tan dilatada,
no hallè esta voz, y sin duda,
que Provincia, que se llama
assi, tendrà de la Europa

el laurèl de Soberana:
porque España es agradable
nombre; con decir España
solo el alma se recrea:
Què es esto, passion del alma?
por què::- Pero quien es? *Fab.* Yo.
Carl. Fabio amigo, dònde estabas?
Fab. Rascandome honestamente,
porque me pica, y no es sarna.
Dios quiera que llegue el dia,
que à espulgarme yo al Sol vaya;
Sol quiero. *Carl.* Què es lo que dices?
tù querer al Sol, sin que hagas
reparo, que quien al Sol
dice que quiere, me agravia?
Fab. Por què? *Carl.* Què sè yo por què?
que quando lo sabe el alma,
para sentirlo lo dice,
para explicarlo lo calla.
Dime, què es el Sol? *Fab.* El Sol::-
pero aguardate, que haga
dos cosas, matar la una
esta luz, y hacer almohada
el suelo para sentarme
la otra, que serà cama
para dormir, quando tenga
el señor sueño la gana.
El Sol, señor mio, es
una cosa, que en su casa
el Verano no la quieren.
Carl. Por què?
Fab. Por què? porque abrasa.
Carl. Pues què su belleza quema?
Fab. Còmo si quema? que rabia.
Carl. Ay Sol, aunque hermoso, Dios
me defienda de tus llamas!
Y còmo es el Mundo? *Fab.* El Mundo
es::- *Carl.* Di.
Fab. A Dios, las cabezadas
empiezan: como una bola,
que assi todos le comparan:
dentro de ella hay sabandijas,
unas buenas, y otras malas:
y hay::- *Carl.* Què?
Fab. Mugeres, que son
las que con el mundo acaban.
Carl. Què dices? Pues la muger
no es quien dà à las luces claras
del dia vivientes tantos,
que el mundo fecundo alarga?
Fab. Essas son unas; pero otras
sabe Dios à quantos matan.
Fab. Còmo es la muger? Escucha,
y la verás comparada.
La vivora es animal,
que en estando vivo daña;
y muerto, allà en las Boticas
de èl muchos remedios sacan.
Assi, pues, la muger, quando
es mejor es quando acaba,
que quando dura, el demonio::-
Carl. Què? *Fab.* Que pueda tolerarla.
Carl. Muger, y Sol son dos cosas
prodigiosas. *Fab.* Y siendo ambas
diferentes, hay muger,
que es como un Sol, bien mirada.
Carl. Y entonces abrasa? *Fab.* Mas;
(cuerpo de san con la alhaja!)
que el Sol solo abrasa el cuerpo,
pero ella el cuerpo, y el alma.
Carl. Y España, què Imperio tiene?
Fab. Ay señores, què desgracia!
A dònde, Carlos, hallaste
essa voz? *Carl.* Aqui estampada.
Fab. Descuido fue de Conrado, *ap.*
quando el Rey à ambos nos manda,
pena de la vida, que
nada digamos de España.
Jesus, què sueño! *Carl.* Què dices?
Fab. Hagote colchon, almohada.
Carl. Què es España, Fabio? *Fab.* En esso
dice mas el que mas calla. *Duerme.*
Carl. Duerme en tanto que yo leo,
para vèr si me declaran
las letras en adelante
lo que en tu voz procuraba. *Lee.*
Salen Sol, y Flora con una luz.
Sol. Tèn valor, Flora, pues miras,
que mi aliento te acompaña.
Flor. Ay, señora, què valor,
si està la torre encantada?
Sol. Mi curiosidad no puede
atràs ya bolver las plantas.
Flor. Plegue à Dios, que no nos cuéste
tu curiosidad muy cara.
Sol. Sigueme. *Flor.* Por lo que pesan
los pies se me han buelto patas.
Carl. España: de aqui no puedo

pas-

passar, divertida el alma
en sus letras. *Sol.* No vès, Flora::-
Flor. Ay, señora! no sè nada.
Sol. Un galàn Joven? *Flor.* Què Joven?
señora, que son fantasmas.
Carl. El sueño en mi suspension
ya poner las treguas trata.
Sol. Has visto tan agradable
presencia en tu vida? *Flor.* Acaba,
señora, de vèr que yo
tengo muchas cataratas.
Carl. Venciò el sueño, à pesar de
Sol, Mundo, muger, España. *Duermese.*
Sol. Su gala costosa, mas
es, Flora, lo que me espanta,
en esta prision. *Flor.* No estoy
para reparar en galas.
Sol. Què serà esto? *Flor.* Què ha de ser,
sino ser yo desdichada?
Sol. Bolvamonos. *Flor.* Vèn aprisa.
Carl. Sol hermoso, espera, aguarda. *Soñando.*
Sol. Cielos, mi nombre pronuncia!
Flor. Ay, señora, que te llama!
Sol. Turbada estoy. *Flor.* Mira tù
lo que irà de Ama à Criada.
Sol. Vamos. *Dentro ruido de espadas.*
Dent. uno. Prendedle. *Otro.* Matadle.
Flor. Jesu-Christo! *Sol.* Estoy sin alma!
aciertas con la salida,
Flora? *Suena Musica.*
Flor. Yo? ni con la entrada.
Sol. Musica? Cielos, què es esto?
Flor. El requiem, que ya nos cantan.
Sol. Vèn por aqui. *Caxas.*
Flor. Ya voy, pero
cayòse à cuestas la casa.
Sol. Hay mas confusion?
Flor. Son truenos, *Caesele la luz.*
señora, los rayos faltan:
y esto es lo peor de todo.
Sol. Què hiciste la luz? *Flor.* Matarla.
Carl. Sol, muger. *Sol.* Valedme, Cielos!
Flor. Cielos, valedme! *Carl.* Quièn habla

Dispierta, toma la luz, y vè à Sol,
con voz, que en el centro obscuro
es su claridad estraña?
Pero què miro? quièn eres,
nueva confusion gallarda?
Eres mundo breve? sì,

que eres maravilla rara.
Pero no, que muger eres;
mas no, Sol eres, que abrasas.
Eres España, por dicha,
pues como España me agradas?
Flor. Miren, què embolismo! *Sol.* Amor, *ap.*
mi turbacion no te basta,
sino el rendimiento, en que
de mì la victoria alcanzas?
Carl. Enmudeces, Deidad bella?
Sol. A su agrado estoy postrada. *ap.*
Flor. Señora, dile que si,
aunque pida millaradas.
Carl. No te merezco un acento?
Sol. Ya, la confusion dexada, *ap.*
diviso por donde entrè.
Carl. Què dices? *Sol.* Que quando alhagas
ofendes; y que el huir
quiero que de tì me valga. *Vase.*
Carl. Espera, engañado hechizo,
que no es la voz, es el alma
quien te assegura::- *Caesele la luz.*
Flor. Ay señores,
que me ha dexado la Infanta!
Carl. Para credito en mi fè,
la verdad de mis palabras.
Pero què espero? à seguirla
se anima mi afecto, y haga
consecuencia, que es forzoso,
que por donde sale salga. *Vase.*
Flor. Mugeres curiosas, ved
en mì, què es en lo que para
el serlo; encantada estoy:
Mal haya, otra vez, mal haya
la que sirve à amas curiosas!
Fab. Muger, mira, atiende, aguarda,
que soy doncèl. *Flor.* Ay de mì,
que essa es mi mayor desgracia!
tiento, ayudame esta vez,
porque con gran tiento salga.

Sale el Rey Federico sin espada.
Fed. Centro obscuro, librame
con tu sombra: En la Guarda
de tanto tumulto, Cielos,
que se quebrasse la espada,
para que el huir pudiera
no parecer en mì infamia!
Flor. Dios vaya conmigo: què
no haya, que me guie un alma!
Fed.

Fed. Què estraño secreto, Cielos,
he hallado! aqui repugnancia
de piedra ; aqui fortaleza
de composicion de tablas.
Tropieza con Fabio, y se levanta.
Pero què es esto? *Fab.* Señor,
señor, ya voy. *Fed.* Què fantasma
serà aquesta? *Flor.* Hallè la puerta,
Santo, tù aquel que me sacas
de aqui, una Flora de cera
mi curiosidad te manda. *Vase.*
Fab. Se apagò la luz, pues voy
por otra; el mozuelo rabia
en estando sin luz, voy
à encenderla de unas brasas. *Vase.*
Fed. Ya presumo, que pudiera
salir, si acaso acertàra
à vèr si se sossegò
de mi riesgo la borrasca. *Musica.*
Ay Sol bella! tu hermosura::—
mas què es lo que escucha el alma?
Dent. Fab. Ya llevo la luz. *Fed.* Acordes
acentos en esta estancia?
Musica. De la escura prision en que vive
de Marte la gala,
para embidia de Adonis, en Carlos,
norabuena salga.
Fed. Musica, y voz, que en un tiempo
tanta confusion me causas,
dònde estoy?
*Salen Fabio por una parte con luz, y por otra
Conrado, Enrico, el Duque, el Conde,
y Criados con luces.*
Fab. Aqui hay ya luz.
Conr. Ya es tiempo, Carlos, que salga
tu::— pero, Cielos, què miro? *ap.*
Fab. Valgame Santa Susana! *ap.*
Fed. Què es esto, dudas? *Enric.* Feliz
mil veces, Carlos, quien halla,
padre tuyo, tan crecida
tu siempre llorada infancia.
Llega, llegate à mis brazos,
hijo, que mi amor no estraña;
que la novedad no encuentre
en el afecto palabras.
Conr. Què determinas, amor? *ap.*
Fab. Miedo, què es lo que hacer tratas?
Fed. Yo soy::— *Duq.* Mejor lo sabemos,
que vos, Carlos, y esso basta
para que mi amistad logre
de vuestros brazos la paga.
Fab. Conrado me està mirando, *ap.*
y à àmbos nos tiembla la barba.
Enric. Hijo, es el Duque quien puede
darte de mi amor fianzas.
Conr. Muerto me dexò el acaso. *ap.*
Fed. Què importa, si yo en pagarlas
no soy::— *Cond.* Siendo hijo de Enrique,
mucho sois, y esso me basta
para que en amantes lazos
mi fineza explique el alma.
Enric. Es el Conde, Carlos, quien
pide à su extremo la paga.
Fed. Està bien; pero no puedo
yo, por ser::— *Enric.* Mas declarada
tu discrecion està, solo
en no saber explicarla:
cumple aora con lo que admiras,
que esso en tu silencio basta.
Conr. Quiere decir, que no ha sido::—
Duq. Ya, Conrado, assegurada
vuestra enseñanza dexais
en la turbacion. *Cond.* Mas clara
vuestra doctrina se muestra
en no acertar las palabras.
Fab. Hay mas atroces mentiras! *ap.*
Fed. Cielos, el hablar me atajan! *ap.*
Conr. De Fabio sabrè què es esto. *ap.*
Fab. Conrado dirà esta maula. *ap.*
Enric. Hijo, vamos donde buelvas
los pesares de tu casa,
en la muerte de mi esposa,
regocijos con tu gala.
Fed. Vamos: salga yo de aqui, *ap.*
que yo lograrè que salgan
del engaño, que no entiendo,
si el decirle me embarazan.
Conr. Que finja ser el que piensan. *ap.*
Duq. Vamos, y digan ufanas
musicas voces::— *Cond.* Festivas,
al vèr de Carlos la gala.
Musica. De la obscura prision, &c.
Enric. Hijo, què alegre te llevo!
Fed. Ya mi amor, padre, te paga.
Duq. Carlos, à lucir el brio.
Fed. Duque, el vuestro me harà salva.
Cond. Bien lo discreto mostrais.
Fed. De Conrado es la alabanza.
Conr.

Conr. Cielos, que finja conmigo. *ap.*
Fab. Esto solo nos faltaba. *ap.*
Enric. Inclinacion Española,
pues empiezas bien, acaba.
Vanse, y quedanse Conrado, y Fabio solos.
Conr. Fabio? *Fab.* Conrado?
Conr. Què es esto?
Fab. Lleven mil diablos mi alma,
si lo sé. *Conr.* Pues còmo?
Fab. Còmo?
Carlos aqui::- yo, que estaba
dormido::- las luces::- *Conr.* Cessa,
cessa, porque à mi desgracia
no dès mas assunto. *Fab.* Pues
un Poeta le tomàra.
Conr. La vida hemos de perder.
Fab. Para què hay salto de mata?
Conr. Dirè que no es èl. *Fab.* Y à dònde
iremos por Carlos? *Conr.* Calla.
Fab. Callo: si salgo de aqui,
no he de parar hasta Francia.
Conr. No han de creerme.
Fab. No hay duda,
y mas quando el de la maula
finge de tal modo, que
aun à los dos nos engaña.
Conr. Pues què haremos, Fabio? *Fab.* Què?
metamonos Frayles. *Conr.* Calla.
Fab. Callo. *Conr.* Vèn conmigo.
Fab. Voy.
Conr. A vèr si el sucesso halla
remedio à mis males: Cielos,
à mi vejèz tal desgracia!
Fab. Señores mios, à Dios
hasta la tercer Jornada. *Vanse.*
Salen dos Soldados tocando un Tambor, y detràs Carlos siguiendolos.
Sold. 1. Mucha gente à la leva se acomoda.
Sold. 2. Para q Escocia la consuma toda. *Vans.*
Carl. Dulce rumor, que alegras el sentido;
imàn, que mereciò vèr en olvido
el empeño en que estaba mi tormento,
de aquel Sol, ò muger en seguimiento;
si el vencimiento de mi duda aclamas,
dime, pues tienes voz, còmo te llamas,
q en los libros q he visto, es biè q assombre,
que no hallo nombre con q darte nombre?
Còmo cabe, que pueda dar regalos
el compàs, al oido, de dos palos,
y que sea esta vez, en mi alegria
del tan, tan, tan, la voceria?
Con oirte no mas, no me he acordado
de haver con atenciones reparado
del mundo la estrañeza, que encontrada,
es verdadera como fue pensada.
Esta es campaña, aquel arbol frondoso,
Palacio aquel, aquel el Cielo hermoso
del Sol; pero ay de mi! ciego he quedado
al quererle mirar su luz osado:
còmo su luz de luces se acredita,
si à quien mira la luz la luz le quita?
Pero de luz en vano blasonàra,
si su luz à otra luz mirar dexàra:
què estraña tirania!
esto negaba aleve à mi alegria?
Vive Dios, que si fuera::- pero buelvo
à seguir el rumor, que si resuelvo
el parecer de todo lo advertido,
nada como el tan, tan, me ha parecido.
Salen dos Soldados riñendo sin espadas.
Sold. 1. Assi me lo darà.
Sold. 2. Ya lo veremos.
Sold. 1. Tome el bribon.
Sold. 2. Tomemos, y tomemos.
Carl. Ha señores, tened, que ser quisiera
quien del enojo estorvo ser pudiera.
Sol. 2. Por mi ya està dexado.
Sold. 1. Por mi no: sepa usted, q no me ha dado
varato, que le tengo merecido,
en que haviendo jugado no ha perdido;
porque yo con mis señas le decia
quando el contrario embite falso hacia.
Sold. 2. En no darle varato, le castigo
su desverguenza. *Carl.* Dice bien, amigo,
y antes ambos debian bien mirado
restituir al otro lo ganado.
Sold. 1. Theologias aora? buena pieza!
mayor pecado es tener pobreza.
Sold. 2. Veinte reales ganè solo cabales.
Carl. A vèr, y còmo son aquessos reales?
Sold. 1. No conoce el dinero? linda treta!
Carl. No señor.
Sol. 2. Pues sin duda ustè es Poeta:
esto es dinero, mire. *Enseñale.*
Sol. 1. Ay que no es nada!
Carl. Y por aquesto riñe gente honrada?
Cuerpo de Dios! *Arrojalo.*
Sold. 2. Què has hecho, hombre?

Carl. Arrojarlo.
Sold. 1. A puñadas de ti pienso cobrarlo.
Carl. Què puñadas? que à coces mi desvelo
las tripas te harè echar. *Dale.*
Sold. 2. Valgame el Cielo!
Sold. 1. El diablo que le espere. *(Vanse.*
Sol. 2. Esto merece el que tramposo fuere.
Carl. Seguirèlos? mas no, q̀ hecha la cuenta,
pues huyen, siendo dos, què mas afrenta?
El rumor::- *Salen Guirrete, y Sotana.*
Sot. Señor Guirrete, *Saca la espada.*
escusemos en la lengua
razones, haviendo espadas.
Guir. Tenga usted, aguarde, tenga,
señor Sotana, que no
ha de ser esto pendencia.
Carl. Valgame el Cielo! hasta aqui
pudo llegar la belleza
en los bellos instrumentos,
que el redondo mundo tenga.
Sot. Pues què ha de ser, sino enojos
mi colera. *Guir.* No quisiera
que fuesse argumento, como
en la Jornada primera.
Carl. Còmo se llamarà, Cielos,
lo que en la mano me enseña
à la vista de aquel hombre,
al sacarlo la violencia?
Sot. Esto estriva en que usted quiere
el que yo no quiera à Celia.
Guir. Esso, y algo mas. *Carl.* Serà
rayo, que lo representa
lo lucido; en lo brillante
imagino que es centella.
De què servisteis, historias,
sino encontrè en vuestras letras
nombre propio, que aplicar
al que es rayo, y es centella.
Guir. Pues què mas quiere usted?
Sot. Quiero,
que ni la ame, ni la vea.
Carl. Quiero gozar de su vista,
pues lo permiten, mas cerca.
Guir. Esso es mucho pedir: gente
miro; alentemos, flaqueza.
Sot. Pues matemonos. *Guir.* Matarnos
por mugeres, es verguenza.
Carl. Cavalleros::- *Guir.* No me estorve
nadie. *Sot.* Nadie me defienda.

Carl. Suplico à ustedes, que logre
yo en la paz la diligencia.
Guir. Què paz, si hay hombres, que dicen
(mirad si es esto conciencia)
que han de amar à una no mas?
Sot. Y que ninguno ha de verla.
Carl. A una muger? *Guir.* Pues à què?
ha de querer à una bestia?
Sot. Esso no es del caso, yo
le he de romper la cabeza,
ò ha de dexarla en efecto.
Guir. Cavallero, no me tenga.
Carl. Suplico à ustedes::- los ojos *ap.*
se me vàn tràs las saetas:
saetas? si serà acaso
el nombre àqueste que tengan?
Sot. Aparte, hidalgo. *Carl.* Mirad,
que me apurais la paciencia.
Guir. Què paciencia, sin espada?
Carl. Espada? *Sot.* Si. *Carl.* Pues tenerla.
Guir. Còmo? *Carl.* Assi, y aora veremos
si ha de haver, ò paz, ò guerra.
Guir. La mano me hace pedazos.
Sot. Què haces, hombre?
Carl. Linda prenda! *Quitale la espada.*
Espada mia. *Guir.* Este brazo,
sino la suelto, me quiebra.
Carl. Y aora, señores, se acaba
el enojo? *Sot.* Ay tal fiereza!
Guir. Vive Dios, que no he sentido
el quedarme yo sin ella,
sino el no romperle antes
al amigo la cabeza.
Carl. Pues aqui estoy yo.
Sot. Què escucho!
Carl. Que si usted me dà licencia,
se la romperè, y la espada
no espere que se la buelva.
Guir. Esto es bueno: yo os la doy,
como le hagais una, y buena.
Carl. Pues allà voy. *Embiste con èl.*
Sot. Hombre, ò diablo.
Guir. Bravo chiste! *Carl.* Ello es ya fuerza.
Sot. El demonio que te espere. *Vase.*
Carl. Què, conmigo tales tretas?
te seguirè hasta el Infierno:
Cielos, havrà tal belleza
como la espada? Oye, amigo,
aguarde usted à que buelva,
que

que ello no tiene remedio,
le he de romper la cabeza. *Vase.*
Guir. Cayendome voy de risa:
yo voy à vèr esta fiesta.
Señores, que este embolismo
haya causado una Celia! *Vase.*

Salen Sol, Aurora, y Celia, y canta la Musica.

Musica. A los años de Sol, que lucidos
se cuentan brillantes,
como rayos las horas numeren
su hermosura grande.
Auror. Una, y muchas veces, Sol
divina, dèn tus edades
el festivo dia alegre
à quien tu esclava se hace.
Sol. De tu afecto, Aurora bella,
ya no es deudora, quien sabe
con el alma agradecerte
el parabien que me traes.
Cel. Esto es ser Niñas, que no
dura su enojo un instante.
Auror. Dexad, señora, que admire,
que el temor mio al hablarte,
con vuestro ceño debido,
en lugar de amor no hallè.
Sol. Quieres saber por què? *Auror.* Quàndo
no te servì en escucharte?
Sol. El incendio, que en Palacio
causò aquella ruina grave,
mudò de esta Quinta la Corte;
no lo ignoras. *Auror.* Dì adelante.
Sol. En ella curiosa acaso
(si à necias vulgaridades
hemos de creer, que en esto
nos culpan fuerzas del trage)
atendì, que el Rey mi hermano,
con gran recato, una llave
tres, ò quatro veces daba
al dia al Marquès tu padre.
Propuse apurar secreto,
que durò tan vigilante,
y una noche quitè al Rey,
mientras dormia, la llave.
Imprimìla en cera, y pude,
porque menos no la echasse,
bolverla luego; con ella,
executada al instante
por un artifice, Flora,
y yo, haviendo visto antes,
que à la Torre iba Conrado
al tomarla, siempre amante
de mi deseo, à la Torre
llegamos en la espantable
postrer noche, antes que oy
Aurora, ni Sol llegassen.
Flora turbada, animosa
yo, y bizarra, ella cobarde::–
Auror. En fin, señora. *Sol.* Un galàn
Joven hallè, y si imagen
era de Cupido, pudo
con su discrecion postrarme;
porque rendido, amoroso
à mis ojos::– *Auror.* No adelante
passeis, que de Amor en mì
nunca las disculpas valen.
Cel. Guardada se la tenia. *apr*
Sol. Aurora, en fin, te vengaste;
pero en efecto, no es mucho,
que yerre el que amar no sabe.
Auror. Con que tan gallardo Joven
era, señora? *Sol.* Escucharme
quieres su pintura? *Auror.* Dì.
Sol. Pues dexa que te le iguale
à Enrique, que por aqui
puede ser, que la repares.
Cel. Pegòsela. *Auror.* Yo reparos
en Enrique? *Sol.* Si callaste
viviendo Madama Inès,
muerta ya, no hay por que calles.
Auror. Sabe Amor::– *Sol.* Lo que le estimas.
Auror. Quieres saber quanto? *Sol.* Darme
un gusto podràs en esso.
Auror. Tanto como me mostraste,
aunque en breve, que à esse Joven
oculto te enamoraste.
Cel. Entre bobos anda el juego.

Sale el Rey.

Rey. Sol hermosa, que tardasse
el festivo culto, atento
à celebrar lo que añades
en un año de hermosura
de tu cielo à las edades,
hizo el fuego, cuya causa
puedo estimar, en la parte
de que oy la celebracion
es estraña en novedades.
Sol. Què novedades, señor?

Rey. Ay Aurora! *Auror.* Que me canse *ap.*
el Rey, hasta el verle solo:
què serà con escucharle?
Rey. Un hijo de Enrique oy::-
Auror. Què escucho! *ap.*
Sol. Què he oido! *ap.*
Rey. Sale
à que en inclinacion quede
lucidamente su padre.
Sol. Aurora. *Auror.* Sol, ya te entiendo.
Sol. Pues dònde pudo ocultarse
tanto tiempo hijo del Conde?
Rey. Oye, que es caso admirable.
El valor::- *Ruido de armas.*
Dentro. Matadle, muera.
Rey. Mas què es esto?
Sale Guirrete. Lo arrogante
de una fiereza es un hombre,
que sin que en Guarda repare,
con la Guardia embistiò toda.
Rey. Serà el que pudo ocultarse
anoche en el alboroto,
sin que ninguno le hallasse.
Guir. No es, señor, sino el que::- *Rey.* Ola,
prendedle, sin que le mate
vuestro enojo, que he de vèr
osadìa semejante.
Dentro voces. Fuera, aparta.
Sale Enrico. Gran señor,
primero son mis lealtades,
que mi cariño: con Carlos
estaba en mi quarto, antes
que venga à tus pies atento,
esperando que lo mandes;
y dexando al Conde, y Duque
con èl, mi valor me trae
à saber, què es esto? *Guir.* El diablo
es el hombre, ò el salvaje.
Salen Sotana, y Soldados huyendo de Carlos.
Sot. El Cielo me valga! *Sold.* 1. En vano
es resistirlo. *Sold.* 2. Es un Marte.
Carl. La cabeza he de romperle,
aunque el mundo lo embarace.
Rey. Tened la furia. *Enric.* Esperad,
Joven, que està el Rey delante.
Carl. El Rey? su nombre respeta.
Sol. Ay de mì! què veo, males? *ap.*
Rey. Què galàn mancebo, Cielos! *ap.*
Enric. El mozuelo es arrogante. *ap.*

Auror. Gallarda presencia! *Guir.* Si
coge à Sotana, le abre.
Sot. Sino corro, me despacha.
Enric. Absorto estoy de mirarle.
Carl. Gran poder tienen los Reyes.
Sold. 1. Tu Magestad, señor, mande.
Rey. Quitadle la espada. *Carl.* Esso
no, gran señor, porque antes,
aunque con mucho pesar,
la pondrè à tus pies Reales.
Sol. Aurora, mira si tengo
de sentir. *Auror.* Aun bien, que sabes
lo que te toca. *Sol.* Esso es
decir, que yo he de librarle.
Enric. Què aficion, Cielos, es esta, *ap.*
à que hizo el Joven postrarme?
Rey. Con què motivo, atrevido
mancebo, no respetaste
mi Guarda? *Guir.* A mì, gran señor,
pudo la espada quitarme,
porque Sotana::- *Sot.* Señor,
no es Guirrete quien lo sabe,
yo lo dirè. *Carl.* A quien pregunta
el Rey, es fuerza que hable.
Quitèle la espada, en fin,
porque si he de hablar verdades,
es, gran señor, una alhaja,
que no havrà con que se pague.
Rey. Aquella? *Carl.* Para mì, en siendo
espada, el serlo es bastante.
Enric. Dice bien. *Sol.* Aurora, escucha
si es bizarro. *Auror.* Y arrogante.
Carl. Quitèsela, en fin, ya. *Rey.* Pero
di, còmo se la quitaste?
Carl. Assi. *Quiere quitarsela al Rey.*
Rey. Aparta. *Enric.* Quita. *Carl.* Quando
al Rey se ha de servir, antes
que con las palabras, con
las obras quise agradarle.
Enric. Ay locura mas valiente!
Rey. Ay mas prontas claridades!
Auror. Señora, osado es, y puedo
decir, que mas que arrogante.
Sol. Què osadìa, si es atenta,
no consigue, que no enfade?
Carl. Con ella, pues, me mandò
su dueño, que me quedasse,
como con ella al contrario,
que blasonaba, aunque en valde,

le

le rompiesse la cabeza.
Guir. Señor, fue::= *Rey.* Guirrete, baste.
Carl. Seguile, porque huyò, y yo,
à no ponerse delante
tanto tumulto, le alcanzo,
y logro desempeñarme.
Gran señor, assi los Cielos
vuestra Corona dilaten,
que la espada me bolvais,
vereis con què lindo aire
la cabeza le abro. *Sot.* El diablo
me lleve, si aqui paràre. *Vase.*
Rey. Enrique, què dices? *Enric.* Que
se la bolvàis al instante,
que vive Dios, que merecen
bolverla sus claridades.
Sol. Si consultan su castigo,
Aurora, yo he de empeñarme.
Auror. Es razon. *Rey.* Còmo te llamas,
Soldado? *Carl.* Ya lo acertaste:
Soldado me llamo: Cielos, *ap.*
hay nombre que mas agrade!
tampoco le hallè en lo escrito:
què esto à mì se me negasse!
Enric. Soldado es tu nombre?
Carl. El mismo.
Enric. Raro caso! en escucharle, *ap.*
yo no sè què afecto crece
en mì para admirarle.
Rey. De dònde eres? *Carl.* No dirè *ap.*
de donde, porque à encerrarme
no buelvan, y he de negarlo,
aunque se hallàra delante
Conrado, y el mundo. Soy::-
què fingirè aqui? *Enric.* Què parte
es tu Patria, Inglaterra,
Alemania, Francia, Flandes,
ò España? *Carl.* España es mi Patria.
Enric. Què dices?
Carl. Lo que escuchaste.
Rey. Español eres? *Carl.* No, hay duda:
fuime à lo mas agradable. *ap.*
Sol. Español, Aurora, dice:
què te parece? *Auror.* Que haces
bien en estimarle, pues
ser Español es bastante.
Rey. Enrique, tu Patria tiene.
Enric. Señor, en España nacen
siempre estos brios. *Rey.* Veremos
si tu hijo hereda à su padre.
Carl. Si el Rey no me huviera visto, *ap.*
yo escusàra estos Romances.
Rey. Y di, Soldado::- *Carl.* Señor.
Rey. Sabes el castigo grande,
que mereces, por haver
alborotado los Reales
de la Quinta? *Carl.* Si señor,
pero la Magestad grande,
en los mas grandes delitos
ha de mostrar mas piedades.
Sol. Y mas, gran señor, quando es
dia, en que de castigarse
mis años borran la causa,
y mis ruegos no han de darse
por vencidos. *Carl.* Con la voz *ap.*
lleguè ya à desengañarme.
Cielos, discurriendo estaba
si era su hermosura grande,
la que por admiracion
me dexò pocas señales!
Ella es, y ruega por mì:
Amor, què es esto que haces
en mì, para que me olvide
de todo al mirarla? Baste,
que antes es la espada. *Rey.* Enrique,
què he de hacer?
Enric. Què? perdonarle:
pues acaso, el ser valiente
es justicia castigarse?
èl sin duda, que fue ciego,
pero lo fue de coraje.
Carl. Me dan la espada, señor?
Rey. Si. *Quitasela al que la tiene.*
Carl. Pues soltadla al instante.
Guir. De bastos, oros, y copas
està fallo el botarate.
Sol. Venciò mi deseo. *Auror.* Buelvan
à tu rostro los esmaltes.
Rey. Mi hermana Sol::-
Carl. Quièn es Sol?
Rey. La que con Aurora hace
de toda la luz del dia
el mas bello maridaje.
Enric. A espacio, temor, que el Rey *ap.*
no sè què quiere mostrarme,
que estima à Aurora, en lo mucho
que de su nombre se vale.
Carl. Sol, muger, è Infanta, mucho *ap.*
es,

es, à que pueda postrarme.
Soldado, Español, y Espada,
mas; pero el valor es antes.
Rey. Sol mi hermana, digo, en fin,
pidiò por tì, y asi baste
su gusto à mi suspension;
pero podràs emplearte
con esse aliento en la guerra.
Carl. Què es guerra? *Guir.* Allà và.
Enric. De Marte
seguir la escuela. *Carl.* Y quièn es
esse Maestro? *Guir.* Tomates.
Rey. Ser para Escocia enemigo.
Carl. Y quàl es Escocia? *Guir.* Andares.
Enric. La que nuestra muerte busca,
ò prision, y ha de ser antes
la suya. *Carl.* Pues muera Escocia,
y los que quieren matarme,
ò prenderme, que son estos.
Embiste à los Soldados.
Rey. Tente. *Enric.* Aguarda.
Guir. Gran salvaje.
Sol. Loco se finge. *Auror.* Esso creo,
quando te escuchè alabarle.
Rey. Mucho ignora: Enrique, tù
ordenaràs vigilante,
que en las levas contra Escocia
siente plaza, donde alarde
haga de tanta fiereza,
al son de los Militares
ecos de Caxas. *Carl.* Què son
las Caxas? *Enric.* Ellas te hacen
la respuesta. *Caxas.*
Carl. Caxas son
lo que tan, tan, llamè antes?
Caxas, Español, Soldado, *ap.*
Guerra, Espada? què ignorasse
tanto yo! Ay divina Sol,
què antes de aora no cegasse!
Rey. Què rumor es esse? *Sale el Conde.*
Cond. Carlos
que llega, y como mandaste
recibirle con aplauso,
esta es la fiesta que se hace.
Rey. Pues de mi hermana à los años
contra acentos Militares,
dulces acentos, sonòra
suspension sean del aire.
Enric. Soldado? *Carl.* Señor?

Enric. De mì,
cuidado que no te apartes.
Carl. A este hombre le quiero mucho. *ap.*
Sol. Aurora? *Auror.* Sol?
Sol. No me hables
en amor, hasta que à solas
muchas dudas se declaren
de este Joven, y este Carlos,
que hijo de Enrique se añade.
Auror. Por què?
Sol. Porque estoy creyendo
muchas mentiras, verdades.
Al son de la Musica, y Caxas, salen Federico muy bizarro, el Duque, Sotana, y acompañamiento.
Musica. A los años de Sol, que lucidos
se cuentan brillantes,
como rayos las horas numeren
su hermosura grande.
Enric. Llega, Carlos, donde humilde
tu lealtad al Rey ofrezcas
antigua, por sangre mia,
aunque llegue à sus pies nueva.
Fed. Gran señor (he de humillarme, *ap.*
Cielos, yo à sus pies! mas sea
prevencion lo que esta vez
presuman poca advertencia)
un Vassallo à lo supremo
de vuestra Magestad llega,
donde de vuestros afectos
el premio debido espera.
Auror. Poco urbano. *Sol.* Y muy severo.
Duq. Estrañòse. *Cond.* Serà fuerza
de la novedad. *Enric.* Humilde,
hijo, à los pies del Rey llega.
Gran señor, su turbacion
disculpado el error dexa.
Carl. Juzgo, que voy entendiendo *ap.*
el caso de esta novela.
Rey. Mal principio: Enrique, no
culpo aora su estrañeza;
dexa, dexa, que deseche
lo que admirado le eleva
à Carlos, y no en mi favor
por esso el agrado pierda.
Sol. Aurora, mucho tenemos
que hablar. *Auror.* En què?
Sol. En mil sospechas,
que me previenen engaños

misteriosos en la idèa.
Enric. Despues del Sol, que en Enrique,
Carlos, luce à Inglaterra,
el Sol de la Infanta::-
Fed. Ya, *Arrodillase.*
señor, à sus plantas llega
(aqui sì) rendida el alma
(ay Sol! por vèr tu belleza *ap.*
estoy fingiendo) feliz
al verme gozoso en ellas.
Carl. Malo. **Fed.** Porque, què fortuna::-
Rey. Discreto es para finezas,
Enrique. **Enric.** Los Españoles
en esso tambien se esmeran.
Fed. Mayor, que ser, si, en el Cielo::-
pero turbòse la lengua,
señora, y en el silencio
mas las voces representa.
Carl. Pues para decir: Señora,
aqui teneis quien desea
serviros, y matarè
por vos al mundo, aunque venga,
era menester turbarse?
Enric. Dice bien, en mi conciencia: *ap.*
el muchacho es de mi humor.
Guir. El gasta pocas arengas.
Sol. Hay, Aurora, mas razon
de hablar de aquesta manera?
Auror. A quien quiere, nada mal
le parece en quien desea.
Fed. Quièn serà este fanfarron? *ap.*
Carl. Pintarme, sin duda, intenta, *ap.*
que tanto me mira. **Fed.** Quièn
de Febo se miró cerca
sin cegar? **Carl.** El que le mira
respetando su grandeza.
Fed. La turbacion es respeto.
Carl. Como à mì me lo parezca.
Rey. Conde, muy bien se disculpa.
Enric. Señor, tuvo buena escuela
en Conrado. **Rey.** Dònde està?
Enric. Quedòse, saliendo de ella,
en la Torre. **Rey.** Ya estrañaba
de èl, y Fabio las ausencias.
Sol. Carlos. **Carl.** Señora. **Sol.** Os llamais
Carlos vos? **Carl.** Como os parezca,
que si fuere gusto vuestro,
me dirè de essa manera.
Guir. El es loco de capricho.
Sol. No digo à vos. **Carl.** Pues paciencia,
que en España no se usa
servir las Damas por fuerza.
Fed. Què me canse este arrogante! *ap.*
Carl. Què me mire tan alerta! *ap.*
Sol. Salid, Carlos, à lucir
feliz oy en hora buena,
donde de Enrique el valor
à tener principios buelva.
Carl. Y no tendrà fin? **Enric.** Soldado.
Carl. Señor. **Enric.** Callad.
Carl. Norabuena.
Fed. Hay mayor bachillerìa! *ap.*
Carl. A que me enfada su tema,
y tenemos otro aqui *ap.*
à quien romper la cabeza.
Rey. Què dices, Carlos, del Mundo?
en fabrica tan suprema,
què te admira mas? **Fed.** El Cielo
permita, que Sol me entienda. *ap.*
Lo que me ha llevado mas
la admiracion verdadera,
es que à todo el mundo dè
luz el Sol con su belleza.
Rey. No decias, que à la espada
se inclinaria la primera?
Enric. Valgame Dios! No ha llegado
el caso de que use de ella.
Carl. Este Sol ha de dexarnos *ap.*
à obscuras, si es mi sospecha.
Y què Sol es esse? **Fed.** Pues
dà luz mas que uno à la tierra?
Carl. Si señor, porque la Infanta
no es aì Sol como quiera.
Dixe bien? **Rey.** Ay tal Soldado!
Enric. El es loco de buen tema. *ap.*
Sol. Què su locura en mi oìdo
tenga lauros de discreta!
Auror. Quàndo discreta no es
en Amor qualquier fineza?
Fed. Si el sentido de mi voz
à dos sentidos se viera,
dexando al Sol muy bien puesto,
à Sol dexè muy bien puesta.
Carl. Pues traer un comentario
otra vez, porque se entienda.
Rey. Bien se defiende tu hijo.
Enric. Levò oculto muchas letras.
Salen dos Soldados con unas armas.
Sold.

Sold. 1. El Armero, gran señor,
de Palacio, te presenta
estas armas, que estudioso
el extremo en su destreza
fabricò, para que salgas
contra Escocia armado de ellas.
Rey. Enrique, la inclinacion
aora hemos de vèr si es cierta.
Enric. Ya lo veràs. *Fed.* Ay Infanta,
icuàn solo en mis potencias! *ap.*
Duq. No las mira. *Cond.* En la hermosura
es solo en lo que se eleva.
Carl. Valgame el Cielo! tiranas *ap.*
estudiadas largas letras,
còmo el aviso negasteis
à mi sèr de esta belleza!
Rey. Què asseadas! *Duq.* Què graciosas!
Cond. Què bien de su fortaleza
enseña el primor! *Enric.* Que no
se aplique Carlos à verlas! *ap.*
Carl. Hay instrumento, que mas *ap.*
agradar la vista pueda!
Fed. Cilicio soy de sus luceros. *ap.*
Rey. Carlos. *Fed.* Señor. *Rey.* La destreza
de estas armas no te inclina?
Fed. Señor, estàn muy bien hechas.
Enric. No mas?
Carl. Y despues de un hora
sales con tal friolera?
Es, señor, este jubon,
estas mangas, y montera,
alhaja de tal valor,
que si lo tuviera, diera
por ellas el peso de oro;
porque juntando con estas
Soldado, tan, tan, y espada,
y Español, el Mundo muera.
Fed. Es friolera decir,
que estàn con acierto hechas?
Rey. Vès su inclinacion, Enrique?
Enric. Cielo, què esto me suceda! *ap.*
Carl. Vive Dios, que con mirarlas
ya de Sol no se me acuerda. *ap.*
Sol. El Rey de Suevia oy
en un bruto te presenta
su feudo, y es, gran señor,
tan galàn, que no quisiera
tardarte el gusto de verle,
pues lo permite essa reja.

Rey. Enrique, otra prueba busco.
Enric. Ya mi colera està ciega. *ap.*
Rey. Abre, y le verà, Fabricio.
Por una reja se verà un Cavallo.
Carl. Valgame tanta, y entera
toda la Corte divina!
Cielos, quièn ha visto bestia
tan hermosa, tan gallarda?
quièn ha visto tal fiereza?
Guir. Què sea este hombre tan bruto!
Sol. Aurora, ya no recelas
lo que decirte queria?
Auror. Sì, y dirè quando la atienda,
que la inclinacion que buscan,
ya es Carlos quien se la enseña.
Enric. Què no se admire al mirarle! *ap.*
Fed. Què tan solo me divierta, *ap.*
Sol, la luz de tu hermosura!
Carl. Cielos, si yo esto tuviera, *ap.*
me bolviera loco el gusto!
Duq. Mal Carlos en todo queda.
Cond. Quien queda mal es Enrique.
Rey. Carlos, què dices? no enseñas
tu brio en la admiracion
de tal Cavallo? *Carl.* Hà cautelas
de lo escrito, que el Cavallo *ap.*
me ocultaron tus leyendas!
Fed. Es, señor, hermoso bruto.
Carl. Lo que yo alabo es la flema.
Es, señor, hermoso bruto:
esso ha de decir quien llega
à vèr tal? (cuerpo de Dios!)
sino decir, que pudiera
no haver criado mas bello
cuerpo la naturaleza.
Rey. Enrique, què dices? *Enric.* Que
yo espero aun mejor prueba.
Fed. Sobre decir, que es hermoso,
hay mas que decir? *Carl.* Dixera
yo, que con aquesta espada,
siendo Soldado en la guerra,
como me dieran las armas,
como el Cavallo me dieran,
al sòn del tan, tan, à Escocia
me atrevia à hacer pavesas.
Fed. Què esto escuche, y sea en mì
el haver de fingir fuerza! *ap.*
Rey. Soldado. *Carl.* Señor.
Rey. Las armas,

Y

y el Cavallo, que deseas,
son tuyos. *Carl.* Señor, què dices?
Rey. Lo que me escuchas.
Carl. Pues vengan.   *Tomalas.*
Enric. Tente.
Carl. Què es tente? que voy::-
Rey. A dònde vàs? *Carl.* A ponerlas.
Rey. Guirrete, llevalas tù.
Carl. Què es que las lleve? essa es buena!
Yo las llevarè contento,
aunque cargado con ellas. *Vase.*
Enric. Siguele, Guirrete? *Guir.* Yo
seguirle? *Rey.* Vè, pues.
Cond. Què esperas?
Guir. Yo servir à un loco? pero
aun peor fuera à un Poeta. *Vase.*
Sol. A quièn su aliento no vence?
Auror. A quien vencida ya dexa.
Rey. Raro Joven! *Duq.* Prodigioso!
Enric. Muerto estoy!   *ap.*
Fed. Ay Sol, què fuerza   *ap.*
es la de tu imàn, que todas
las suspensiones me lleva!
Rey. Enrique, la Inclinacion
Española, ya te enseña
tu hijo qual es.
Dentro. Arma, arma.   *Caxas.*
Sol. Ay de mì! *Auror.* Què escucho!
Dentro. Guerra.
Rey. Enrique, otra prueba hay mas.
Enric. Señor, esta es la postrera.
Fed. Què serà esto?   *Sale Sotana.*
Sot. No es, señor,
fingido, si assi lo piensas,
el Militar alboroto,
que la campaña amedrenta,
porque de impensadas huestes
enemigas se vè llena,
que dicen::- *Dentro.* Escocia viva,
y muera en Inglaterra
quien de nuestro Rey estorva
la libertad. *Fed.* Preso piensan   *ap.*
mi valor. *Rey.* Preso su Rey,
còmo? *Enric.* Lo que fuere sea:
al arma, señor. *Duq.* Què poco
à Carlos esto le altera!
Cond. Poco se inclina al aliento.
Rey. Ea, Carlos, la destreza
de la Española Nacion

oy contra Escocia se vea.
El baston de General
es tuyo. *Fed.* Ay mas estrañeza! *ap.*
Yo contra mì? *Rey.* Què respondes?
Enric. Què dices? *Duq.* Habla.
Cond. Què esperas?
Fed. Que no admito el baston.
Enric. Què oigo?
Miente tu sangre, si piensa
ser mia; miente, cobarde,
tu sèr; y para que veas,
que hijo de tal padre, no
puede ser: Ingleses, guerra,
que yo harè que mi valor
por los Españoles buelva. *Vase.*
Dentro. Arma, guerra. *Fed.* Si el baston
no admito, es porque soy::- *Rey.* Ea,
que ya lo sabemos, para
que España en todo no venza. *Vase.*
Dentro. Viva Escocia. *Fed.* El que pensare,
que en mi valor no se encierra,
se engañò; pues soy::- *Duq.* Cobarde;
ya lo dixo tu tibieza. *Vase.*
Fed. El mundo miente, pues quando
para assombro harà mi diestra::-
Cond. Què podrà hacer, quien de oir::a
Dentro. Arma, arma.
Cond. No se altera?   *Vase.*
Fed. Sol divina, si merezco,
que tu hermosura me atienda,
yo escusè la lid, por ser::-
Sol. Para Españoles afrenta:
ya lo he visto, aunque presumo
mas de tì de lo que piensan. *Vase.*
Auror. Cobardìa, y amor, nunca
merecieron las finezas. *Vase.*
Celia. Amores aora? es
muy esquivo Vueceléncia.
No hay amor donde hay quien diga::-
Dentro. Arma, arma, guerra, guerra. *Vase.*
Fed. Quien soy quise decir, no
me dixisteis; pues atienda
vuestro engaño en mi valor
lo que ocultò la tibieza:
Escoceses, libre estoy;
pero porque Inglaterra
sepa mi valor: al arma,
Soldados. *Dentro.* Al arma.
Otros. Guerra. *Vase sacando la espada.*

Sale Carlos armado, y con la espada desnuda.
Carl. Cuerpo de Christo conmigo!
Esto tiene el mundo, y era
espantajo yo no mas
entre ocultas sombras negras!
Muera Escocia. *Sale Enrico.*
Enric. Muera Escocia,
y note en mì Inglaterra,
que no afrenta mi valor
el que mi sangre sì afrenta.
Carl. Conde. *Enric.* Soldado. *Carl.* Sino
reparo bien en las señas,
doy contigo en el Infierno,
pensando, que Escocès eras.
Enric. Esso sì, pese à mi brio!
Hijo. *Carl.* Padre.
Enric. No en mi lengua
estrañes nombre que ha sido
el aliento quien le engendra.
Carl. Ni en la mia, quando el alma
hacerlo verdad quisiera.
Enric. Què aficion es esta, Cielos? *ap.*
Carl. Què decirle quien soy tema! *ap.*
Enric. Vamos juntos. *Carl.* Vamos juntos.
Enric. Y que venga el mundo. *Carl.* Venga.
Dentro Sol. Cielos, favor.
Dentro. A la Infanta,
Ingleses, se llevan presa.
Enric. Esso no, viviendo yo.
Carl. Esso no, mientras no muera.
Enric. Yo he de ir solo.
Carl. Yo he de ir solo.
Dentro. Soldados, à Aurora llevan
presa. *Dent. Auror.* Favor, Cielos santos.
Enric. No haràn si mi brio alienta.
Carl. No haràn si alienta mi brio.
Enric. Por ella voy. *Carl.* Voy por ella.
Dentro Sol. No hay quien me ampare?
Dentro Auror. No hay,
Ingleses, quien me defienda?
Enric. Aqui estoy yo. *Carl.* Aqui estoy yo.
Enric. Dònde vàs? *Carl.* A que Sol bella
no peligre. *Enric.* Y yo à que Aurora
no sea de Escocia presa.
Carl. Al riesgo, pues. *Enric.* Pues al riesgo,
y que muera Escocia. *Carl.* Muera.
Enric. Què aguardas? *Carl.* Mirar tu brio:
què haces? *Enric.* Vèr tu gentileza.
Sol. Cielos, favor. *Auror.* Favor, Cielos.
Enric. Apriessa, Soldado. *Carl.* Apriessa,
señor, y tu voz me aliente.
Enric. Oyes. *Carl.* Dì.
Enric. Galàn presencia!
Hijo. *Carl.* Padre. *Enric.* Què dixiste?
Carl. Corresponder tu voz tierna.
Enric. Hijo te quiere el valor.
Carl. Padre te ama la destreza.
Enric. A embestir, y bolver::-*Carl.* Còmo?
Enric. O sin vida, ò con la empressa.
Carl. O con la empressa, ò sin vida.
Enric. Arma. *Carl.* Arma. *Caxas.*
Ellos, y voces. Guerra, guerra.

JORNADA TERCERA.

Tocan Caxas, y Clarines, y salen Federico, Conrado, y acompañamiento.
Dentro. Viva Federico, viva,
y en los Polos su nòbre el tiépo escriba.
Fed. La tienda despejad, y en mi cuidado
solo à escuchar mi voz quede Conrado.
Sold. Ya obedecemos. *Vanse, y quedan solos.*
Conr. Dexa, suerte esquiva,
lograr mi anhelo. *Dent.* Federico viva.
Fed. Ya estamos solos, ya puedes
lo que intentas, desde el dia,
que me viste Rey de Escocia,
quando antes era à tu vista
fingido Carlos, que en otros
venerado parecia,
declarar. *Conr.* Pues oiga atenta
vuestra Magestad invicta:
La Inclinacion Española
experimentar queria
mi Rey. *Fed.* De todo el sucesso
tengo ya larga noticia.
Conr. Pues, gran señor, preguntaros,
si acaso en vos es debida
causa para declarar,
còmo en la Torre escondida
os hallasteis; es anhelo,
que dura en mi pena esquiva:
si visteis en ella à Carlos
antes, ò què maravilla
me quitò el aliento en esta
ya caduca triste vida.
Pena de ella el Rey me puso,

si

si acaso Carlos sabìa
quien era, ò si de la Torre
faltaba por mi desdicha.
Y faltando, quando vos
en ella os hallasteis; iba
à declarar mi fin; pero
el temor me detenia.
En fin, viendo, que los Cielos
contra mi edad permitìan
tal fortuna, à la Campaña
salgo huyendo de mi misma
desgracia absorto: no sè,
què mèdio hallen mis desdichas
en esta confusion, quando,
si ir à Palacio queria
la pena, me lo estorvaba
vuestra gente heroica; altiva
espantò al Mundo, buscando
vuestra libertad creìda
en prision; à cuyo no
esperado extremo, dicha
fue mi prision en mis males;
pues por ella es bien que pida
à vuestros pies, que si à daño
tanto mi remedio estriva,
en vuestro sucesso halle
alivio en èl mi fatiga.

Fed. De la fama los acentos
(porque en las cosas divinas
solo es la fama la voz,
que en el Orbe las publica)
de Sol Infanta, que siendo
de Inglaterra precisa
Deidad, para el Mundo todo
es primera maravilla;
me avisò lo bello, quando
antes negado le havia
à Enrique el feudo, que fue
tregua en nuestra antigua ira.
De un retrato, pues, forzado,
à su beldad peregrina
quise ofrecerme holocausto,
que quien no se sacrifica
à un cielo, ofende en su error
toda la soberanìa;
y el estorvo reparando
de nuestra suerte enemiga
(que hay veces que adora el alma
lo que la sangre malquista)

solo, y secreto (que Amor,
quando de sabio se vista,
de estos dos extremos es
forzoso, que el mèdio elija)
aquella noche, que fue
el principio de tu ruìna,
entrè en Palacio, fiado
mas que debì, en mi osadìa.
Quando el acaso procura
ser estorvo de una dicha,
de otro acaso se acompaña,
para que se le consiga:
y fue assi, porque debiendo
tolerar la demasia
de una Guarda, que
la entrada me defendia;
el primer despecho suyo
le correspondiò insufrida
mi colera: Què se espantan
de que haya quien se resista
à Ministros, que se valen
mas de la descortesìa,
que la razon? En efecto,
à corto espacio, movida
toda la Guarda me embiste,
buscando el fin de mi vida:
Retirome resistiendo
su multitud mas crecida;
y faltandome el acero,
reparo (no es cobardìa)
el huir; siguenme confusos:
las sombras se lo impedian,
quando me amparaban; llego
à la Torre, y en la prisa
de mi retiro, la puerta
hallo abierta: entra aturdida
mi recelosa, aunque honrada
suerte; y à cortas vecinas
horas entraste, y passò
lo que no es razon que diga,
sino lo ignoras: dirè
solo, que al vèr, que querìa
decir resuelto quien era,
me atajaban, y à la vista
de que fingiendo de aquel
obscuro centro salìa,
finjo, y fingì, para vèr
(que esto es lo que mas me libra
de obstaculos) à la hermosa

ocasion de mis caricias.
Fingì, en fin, por vèr à Sol:
Què amante havrà, que no diga,
que no es culpa para amar
el valerse de mentiras?
Esto solo en el sucesso
te puedo jurar, por vida
de mi Real nombre, es lo cierto
en lo que oìr solicitas;
y pues ignoras, como antes,
Conrado, lo que querias
saber, desde aqui has de oirme
como amigo, de quien fia
mi pecho, lo que ninguno
de mis vassallos podria
conseguir, y de tì solo,
aunque estraño, solicita
vèr si en tu consejo tienen
consuelo las ansias mias.
Que prendieron mis vassallos
à Sol, porque sin su dia
Inglaterra quedàra
llorando su noche fria,
ya lo sabes: ya havràs visto,
con la asistencia debida
à su Real Persona, que
he mandado que la sirvan;
pues todo mi Real por suyo,
sola es su prision la vista
de una Esquadra, que es su Guarda,
la que antes fue Guarda mia.
No me ha visto, ni he querido
que salga, si me imagina
el fingido Carlos de
error; pero en servirla,
y festejarla amorosa
he estado siempre à la mira.
Tù, como dixiste, en esso
tampoco has dado noticia
alguna, y para creerlo,
me basta que tù lo digas.
Dexa esto assi, bolveremos
à otro principio, que unidas
luego las dos partes, ambas
à tan solo un fin aspiran.
La noche fue en la batalla
mèdio para concluirla;
los Ingleses à su Campo,
haciendo su Real la Quinta,
se retiraron, y yo
à mis tiendas prevenidas
por mis Escoceses, que
la Militar disciplina,
para no errar los principios
à los buenos fines mira.
He sabido (porque nunca
faltan en la Guerra espìas)
que Enrique tu Rey convoca,
para sacar de la esquiva
prision, en que à Sol presume,
de toda su Monarquìa
el valor; à cuya empressa
cada instante se combidan.
No hay noble que no se empeñe;
pues hasta Aurora tu hija,
à quien de presa libròò
la Española bizarrìa
de Enrique el Conde, en Campaña
dando està à Belona embidia;
cuyo empeño es libertarte,
por laurèl de sus caricias.
Yo tambien en defender
de Sol la hermosura, unidas
tengo tantas huestes, quantas
bastan para que resistan
las contrarias, aunque fueran
las Estrellas enemigas;
con que el dia del combate
serà de la suerte el dia.
Ofrece el Rey al que libre
à su hermana::- *Al paño Sol.*
Sol. Atencion mia,
bien lleguè pues habla en mì.
Fed. Aquel premio que le pida.
Sol. Cielos, què veo! no es Carlos
este? *Fed.* Con que determina
mi valor, que en Federico,
que soy::-
Sol. Què oigo, atencion mia!
Fed. Sea, bolviendo allà
como Carlos, dar invictas
señas del brio, en llevar
libre la Infanta divina,
como fingido, pidiendo
su mano, y si fuere mia,
declarar luego quien soy:
à cuya fineza, digna,
si te parece, podrà

ser

ſer la paga de mi dicha.
Sol. Abſorta, Cielos, he oìdo
la eſtrañeza, que me admira!
Fed. Què reſpondes? enmudeces
el conſejo, que queria
recibir de tì? preſumes,
que la paſſada ojeriza
de eſtos Reynos, que embarace
de Sol la gloria ofrecida
en el diſcurſo? Si es eſto,
Conrado, lo que imaginas,
ſi crees, que el Rey negarme
podrà tal fortuna; mira
ſi lo harè, ò no, pues ſi no
me aconſejas, en tal dicha,
lo que intento, antes de hacerlo,
aviſando por tu hija
al Rey, que Carlos à Sol
ha de librar, porque à viſta
de llevarla no lo eſtrañe;
por mi Real Corona invicta
juro, y por el Cielo ſanto,
que tù, y la Infanta, en la vida
dexareis la priſion, menos
que ſiendo la Infanta mia. *Sale Sol.*
Sol. El mèdio para obligarme
errò vueſtra corteſia,
porque al Amor quièn ha viſto
llamar con la tiranìa?
Pero en fin, quien de fingirſe
ſer eſtraño necesſita
ſin correrſe, no ſe corra
de ofender quando acaricia.
Yo, ſeñor Carlos (ſeñor
decir tan ſolo queria;
pero acuerdome de quando
Federico no os tenian)
eſtarè preſa, haſta quando
vueſtro mandato lo elija.
Conrado padecerà
por mì; ſentirà ſu hija
por èl; el Rey muchos premios
ofrecerà por mi vida;
el mundo ſabrà mi pena;
el Cielo de mis fatigas
ſe dolerà; pero el Rey,
Conrado, el premio, ſu hija,
el Mundo, y el Cielo todo,
ſeràn pocos à que diga,

que he de llegar à ſer vueſtra:
el Amor tal no permita.
Fed. Aunque todos no lo alcancen,
ſeñora, como me aſsiſta
Amor, el Amor ſer puede::-
Sol. Què ſer puede? Fed. Que conſiga::-
Sol. Que ha de conſeguir? Fed. Que no
deis nombre de tiranìa
à un juramento, que nace
de la voluntad à viſta.
Sol. Yo ſerè vueſtra, no hay duda,
yo amarè vueſtras caricias;
por què no? pero primero
eſſa fabrica divina
ha de convertirſe en polvo,
ved, què tarde que ſerìa.
Fed. Porfiar con el enojo
es error: de vueſtra viſta
me aparto, porque en Conrado
mi adoracion depoſita
el deſempeño: mirad,
gran ſeñora, que podria
ſer, que Amor lo vence todo.
Sol. Tal el Amor no permita.
Fed. Guardeos el Cielo. Sol. Y à vos,
como mi fè ſolicita.
Fed. Conrado. Conr. Señor.
Fed. Por mì
el deſenojo apadrina. *Vaſe.*
Conr. Eſto ſolo me faltaba
por colmo de mis deſdichas.
Sol. Ay Carlos! Conr. Dònde eſtarà?
Sale Carlos.
Carl. A vueſtras plantas invictas.
Sol. Cielos, què veo! Conr. Què miro!
Carl. En vano el Cielo ſe admira
de que Faeton no temo
precipicios en mi vida.
Sol. Quando el rieſgo::-
Conr. Quando el daño::-
Carl. Què rieſgo, ò daño hay que diga
ſer baſtante para que
no ſolicite eſta dicha?
Sol. Carlos, al querer mirarte,
ya el mirarte me fatiga.
Conr. Carlos, al querer oirte,
ya el oirte me laſtima.
Carl. Por què pueden entrar juntas
partes que ſon tan diſtintas?
Sol.

Sol. Porque un tirano::- *Conr.* Un cruel::-
Carl. Què crueldad, què tiranìa
a un Español poner pudo
temor en la valentìa?
Enrique, y yo, señora,
Sol en el nombre, en la beldad Aurora,
nos empeñamos, con bizarro anhelo,
en librar de prifion hermofo el Cielo,
que de Aurora, y vos compuefto abifmo,
era embidia en la luz del Cielo mifmo.
Enrique valerofo, con deftreza,
mas fegura, y ufada gentileza,
de Aurora Enèas, fue favorecida,
à riefgo en el empeño de fu vida;
y yo lo configuiera, fi arrogantès
los Efcocefes, de fu Rey amantes,
no oyeran, que decian con defvelo,
perded la vida, y no perded el Cielo:
cuyo aliento les diò tal ofadìa,
que acudiendo feròz mi valentìa,
hallò tantos eftorvos prevenidos,
que aunque con efte brazo refiftidos
murieron muchos à fus golpes ciertos,
en quien mas peligraba era en los muertos;
y con todo, fi el dia no acabàra,
las murallas de cuerpos affaltàra,
y quando Febo recogia el coche
quedàran fin tu dia con la noche.
Corrido, pues, al atender que ofado
Enrique viò fu empeño bien logrado,
y yo fin èl bolvia, quando atento
me dixo, que morir, ò el vencimiento:
fer de ninguno vifto elegì fabio,
por creer, que fu triunfo fue mi agravio;
y en fin, para cumplir con fu doctrina,
arrojado mi esfuerzo, determina
libraros, ò morir, porque es exceffo,
no muera yo, viviendo tu Sol prefo.
Sol. Còmo, Carlos, ha de fer
mi libertad? *Conr.* A efte empeño
traes prevenido Inglefes?
Sol. Han de acometer, haviendo
feña alguna? *Conr.* Quàntos fon
los que te figuen? *Carl.* Mi acero,
y yo, que fomos dos, mas
baftantes al Mundo entero.
Sol. Ay de mì! què en vano fias
de tu valor! *Conr.* Còmo temo
tu arrogancia! *Carl.* Pues acafo

eftriva mas todo efto,
que en feguirme, è ir matando
al que lo fuere impidiendo?
Venid, señora. *Sol.* Dì, còmo,
fin que reparo hayan hecho,
llegafte hafta aqui? *Carl.* Lleguè;
no sè como no me vieron.
Sol. Conrado. *Conr.* Señora. *Sol.* Mira
fi oìr pueden nuestros ecos.
Conr. Servirte ferà ley mia:
ea, valor, alentemos. *Ponefe al paño.*
Sol. Carlos, tu grande valor,
la ofadìa de tu extremo,
fabe el Cielo, en el cariño,
quanto en tu amor agradezco:
pero he de deberte yo
una hazaña. *Carl.* Para effo
tanta prevencion, señora?
mandad, no ufeis de los ruegos.
Sol. Buelve al Rey de Inglaterra,
y à mi hermano::- *Carl.* Detenèos,
pues llevaros, ò morir,
es lo que toca à mi empeño.
Sol. No, Carlos, no ha de fer. *Carl.* Vos,
señora, verme mal puefto
no haveis de querer. *Sol.* Mas no
quiero veros en el riefgo.
Carl. Yo quiero morir por vos.
Sol. Effo es lo que yo no quiero.
Carl. Solo perdeis un efclavo,
señora, fi yo me pierdo.
Sol. Què fabeis fi pierdo mas?
Carl. Què decis, que no os entiendo?
Sol. Què sè yo lo que me digo:
aunque bien sè lo que fiento. *ap.*
Carl. Si no es con la vida, còmo
pagar effa pena puedo?
Sol. Te has de aufentar, y fi no
ferà enojatme. *Carl.* Effo temo
mas que al enemigo. *Sol.* Pues
à obedecerme. *Carl.* No puedo.
Sol. Y fi Amor::- *Carl.* Què oigo? Señora,
què decis? *Sol.* Contra el refpeto
no hagas, Carlos, que hable mas,
que los labios, el filencio.
Carl. Si me decis claramente
lo que decis, ofrezco
dexaros, fi es que dexaros
fujetarme al gufto vueftro.

Sol.

Sol. Tanto ha de coſtarme? *Carl.* El alma
  ſerà en mì, ſeñora, el premio.
Sol. Pues, Carlos::- no sè decirlo. *ap.*
Carl. Ved, que và mi vida en ello.
Sol. Te eſtimarè, que te auſentes.
Carl. Señora, aſsi no lo entiendo.
Sol. Te adoro; ya lo eſcuchaſte,
  y que no peligres quiero.
Carl. Pues, ſeñora, con llevaros,
  no os dexo à vos, ni me quedo.
Sol. Còmo, ſi dixiſte::- *Conr.* Carlos,
  ſeñora (terrible aprieto!)
  el Rey, y Soldados ya
  llegan. *Sol.* Valgame el Cielo!
Carl. Ea, valor, ya ha llegado
  el mas apretado empeño.
  Salen Federico, y Soldados.
Sold. 1. Alli eſtà el Inglès. *Fed.* Llegad:
  pero què miro! *Carl.* Què veo! *ap.*
Sol. Ay de mì! *Conr.* Què eſtè ſin armas
  mi valor! *Carl.* Eſte no es, Cielos,
  el que ſe fingiò ſer yo? *ap.*
Fed. Eſte es aquel ſobervio, *ap.*
  que desluciò mis palabras,
  quando::- pero què me acuerdo
  ſino de vengarme? *Carl.* Còmo
  oy Rey de Eſcocia le encuentro?
Fed. Ola. *Sol.* Suerte fiera! *Sold. 2.* Què
  ordenas, gran ſeñor? *Conr.* Muerto *ap.*
  animo. *Fed.* Prended à quien
  oſado aqui::- *Carl.* Suſpendeos,
  ſeñor Carlos, ò ſeñor
  Federico, pues al veros,
  no sè qual ſois de los dos,
  pues ſois los dos uno meſmo;
  que en quanto à prenderme hay
  mucho que hacer. *Fed.* Detenèos,
  Soldados, que he de vèr yo,
  què es lo que hay que hacer en eſto.
Sol. Federico, yo no mas,
  ſi hay culpa, la culpa tengo
  de que halles aqui à quien vino
  al mandato de mis ecos.
Fed. Señora, para templarme
  mal camino es vueſtro afecto.
Carl. Sobre colera, importaràn *ap.*
  otro tanto oro los zelos.
Conr. Gran ſeñor, la verdad ſolo::-
Fed. Es en vano vueſtro acento.

Carl. Dice bien, pues ſi yo callo,
  quièn le mete à nadie en eſſo?
Fed. Que ha de vèr ſu bizarria
  la bizarria que tengo
  yo tambien. *Carl.* Acompañados
  lucen poco los alientos.
Fed. Señora, del Condeſtable
  à la tienda, humilde os ruego
  os retireis con Conrado.
Sol. Mal ſuena por rendimiento,
  lo que es orden, que executo.
  Carlos, librente los Cielos, *ap.*
  que voy à que el llanto encuentre
  lo que no alivie mi afecto. *Vaſe.*
Conr. Carlos, mucho temo el fin *ap.*
  de un Rey Joven, y ſevero. *Vaſe.*
Carl. Enrique, como dixiſte, *ap.*
  ò con la victoria, ò muerto.
Fed. Eſto ha de ſer: oìd, Soldado.
Sold. 1. Gran ſeñor.
Fed. Con todo el Tercio
  te retira, y de traidor
  pena, al que atrevido, y fiero
  llegàre aqui, haſta que yo
  le ocaſione con mis ecos.
Sold. 1. Gran ſeñor, quando::-
Fed. Replicas
  mis voces? *Sold.* Ya te obedezco. *Vanſe.*
Carl. Solo ſe quedò conmigo: *ap.*
  valiente es, viven los Cielos.
Fed. Ya eſtamos ſolos, Soldado.
Carl. Federico, mal has hecho.
Fed. Por què? *Carl.* Porque he de matarte.
Fed. De veras? *Carl.* Sì. *Fed.* No lo creo.
Carl. Quieres verlo? *Fed.* Eſſo procuro.
Carl. Pues probemos. *Fed.* Pues probemos,
  que hemos de vèr, què hay que hacer,
  para que te quedes preſo. *Riñen.*
Carl. Vive el Cielo, que es un rayo.
Fed. Es un rayo, vive el Cielo:
  oyes Soldado. *Carl.* Què dices?
Fed. He reparado::- *Suſpendenſe.*
Carl. En què? *Fed.* En eſto:
  no digas, que por ſer Rey
  te defiendes ſolo. *Carl.* Bueno;
  ſi fueras mi Rey, podias
  decirlo. *Fed.* Pues ſi no es eſto
  riñamos. *Riñen.*
Carl. Riñamos. *Fed.* Vive

Dios,

Dios, que es un rayo.
Carl. Es un trueno.
Dentro. No importa el mandato, quando
correr puede el Rey un riesgo:
muera el Inglès. Carl. Què suspende
tu colera? Fed. Oìr aquello Paranse.
en que peligras. Carl. No sientas
tù lo que yo no siento.
Fed. Si llegan han de matarte.
Carl. Dexa que lleguen, por verlo.
Fed. No haré tal, que has de deberme
mas. Carl. De què modo?
Fed. Tu esfuerzo
se retire, que à guardarte
yo las espaldas me ofrezco.
Carl. Y me he de ir yo desairado,
porque quedes tù bien puesto?
Fed. La ocasion::- Carl. No hay ocasiones,
que hagan menos mis alientos.
Dentro. Lleguemos todos. Fed. Repara::
Carl. Que yo basto para ellos.
Salen unos Soldados, embisten con Carlos, y Federico le defiende.
Sold. 1. Muera, muera. Fed. Sois villanos,
y yo sabré defenderlo.
Sold. 2. No es ser traidor, castigar
su locura. Carl. Està bien hecho:
quita, Federico. Fed. Aparta:
tened, traidores. *Sale Conrado con espada.*
Conr. Ya tengo,
aunque hurtado, acero: Carlos,
à tu lado estoy. Fed. Què veo!
Sale Sol con espada.
Sol. Carlos. Carl. Què miro! Sol. Contigo
morir, ò librarme quiero.
Dentro. Traicion, traicion. *Caxas.*
Fed. Escoceses, Riñen.
mueran, que ya lo pretendo.
Carl. Què es mueran, si tengo al Sol
de mi parte? Sol. Cuyo fuego
os abrasarà. Conr. Y la nieve
serà vuestro monumento.
Carl. Pues què no venceré, quando
me ayudan los elementos?
Vanse acuchillando à Federico, y los suyos.
Dent. unos. Arma, arma, viva Escocia.
Dent. otros. Viva Inglaterra.
Salen el Rey, y Enrico.
Rey. El puesto,
Enrique, està solo. Enric. No
hay quien pueda oìr tus ecos.
Rey. El Conde, y el Duque? Enric. Juzgo,
que à su obligacion atentos,
las fronteras del contrario
estaràn rondando cuerdos.
Rey. Aurora? Enric. Su luz adorna,
de la Campaña lucero,
tanto, que à su vista Palas::-
Rey. Dexa el encarecimiento,
que si me ofende tu amor,
mira què me haràn tus zelos?
Enric. Ay de mì, què escucho! *ap.*
Rey. Enrique,
pues entre tantos empeños
de lides, te hablo en amor,
repara quanto es mi extremo.
Ya te acordaràs del lance,
que suspendiò aquel incendio.
Enric. Que obrè leal no me olvido.
Rey. Que supe del Conde el yerro
por el empeño del Duque,
à quienes à un mismo tiempo
à Conrado, y à tì hice
amigos, presuponiendo
pena de traidor al que
me ofendiesse en el empeño.
Enric. Y en tu gracia todos, dimos
al olvido los sucessos.
Rey. Esso sabes, pero ignoras,
que eres traidor. Enric. No te entiendo:
señor, què dices? Rey. Traidor.
Enric. Traidor yo? Valgame el Cielo!
Rey. Què te admiras?
Enric. No me admiro,
si es por lo que dices esso,
porque dudas en creer,
que declararte no quiero
donde oculto vive Carlos
mi hijo, ya que le dieron
este nombre, pues en vano
le has buelto à vèr, ni le vieron
mis ojos, desde aquel dia,
que saliò à mi vituperio.
Rey. No es por esso mi rencor.
Enric. Pues por què, señor? Rey. Por zelos.
Enric. Zelos? Rey. Sì, Enrique, yo à Aurora
idolatro; à mis afectos
rendidos el Conde, y Duque,
ol-

olvidaron sus extremos;
y tù desde que libraste
su hermosura, de su cielo
Clicie, què sè yo si logras
ser estorvo à mi trofeo.
Ya no he de callar, Enrique,
romper la carcel intento
del silencio, y para que
tenga tu traicion remedio,
ù olvidar lo que es mi ofensa,
ò dar à un Verdugo el cuello.
Enric. Señor::- *Rey.* Sea la amenaza
su castigo mas severo. *Vase.*
Enric. Amor, quièn, sino tù, fueras
en un Español aliento,
para llamarle traidor,
el mas cursado pretexto?
Aquí de mis confusiones;
aqui de mis desconsuelos;
y aqui de mi amor, que Aurora
es aqui el mayor tormento.
Un hijo cobarde dexa
mal en España el esfuerzo;
un Rey Inglès, irritado
me ofende; y si aqui me acuerdo,
un Rey Español ya olvida
de su justicia lo fiero;
una deidad mis cariños
premia; grandes unos zelos
piden mi olvido: ò què estraños,
ò què crueles, violentos
son los muchos exquisitos
acasos en que me veo!
Pero dexemos à parte
todo el junto de tormentos,
y vamos al mayor, vamos
al Amor: Puede ser yerro
amar, quando no se saben
gustos soberanos Règios?
No. Y quando no se ignoràran;
tiene el Rey mas privilegio
para amar, que otro? tampoco.
Pues por què tanto despejo?
por què? porque no hay razon
contra cariños supremos.
Y esto es razon? no; mas ay!
que importa poco el no serlo,
quando poder, que lo dice,
tiene poder para ello!

Havrà modo de querer,
y obedecer? no le encuentro.
Con que en los medios, uno
solamente tomar puedo?
No hay duda; pues el honor
gane en Amor el trofeo:
olvidar à Aurora::- *Al paño Aurora.*
Auror. Què oigo!
Enric. Como el Conde, y Duque han hecho,
serà obedecer al Rey.
Auror. Ay de mi! *Enriq.* Y serà el hacerlo,
no tener valor? *Sale Aurora.*
Auror. No, Enrique.
Enric. Què es lo que miro!
Auror. No, cierto;
pero serà dar memoria,
para que publique el tiempo
la mayor traicion, que cupo
en un fementido pecho.
Enric. Divina Aurora, el Amor
sabe::- *Auror.* Que es amarme yerro,
à vista de otro cariño.
Enric. Quando el Rey::-
Auror. En lo supremo
es el amor diferente,
que en lo humilde? *Enr.* No por cierto:
viva mi fè, y muera amante.
Auror. Esso es lo que yo no quiero:
vive, Enrique, y muera yo
de un olvido à los tormentos,
que à costa de que vivais,
al Rey dirè::- *Al paño el Rey.*
Rey. Escuchar quiero,
pues vì, que Aurora venìa
donde està Enrique.
Enric. Què? *Auror.* Esto;
que sin su amor, con tu olvido,
vivir no, morir deseo,
ya que finezas tan mias,
que es todo encarecimiento,
no se han de vèr conseguidas.
Enric. Ay señora mia! ay dueño
del alma! que ser leal
es lo que me estorva serlo.
Rey. Mucho estimo oìr su voz.
Auror. Con que yo, Conde, no tengo
alivio ninguno? *Enric.* En solo
morir yo darosle puedo.
Auror. Què tiranìa! *Enric.* Què pena!

Auror. Sabrà el Rey, que le aborrezco.
Rey. Què esto escuche! *Enric.* No, mi bien,
no, señora, otro remedio
tiene ya mi pena. *Auror.* Quàl?
Enric. No sè yo si tendrè aliento
para decirle. *Auror.* Mi llanto
te ayude. *Rey.* Que hacer no acierto.
Enric. España me llama, ya
aplacado lo severo
de mi Rey, y de mi casa
lo cruel, por ser su dueño.
Rey. Què oigo!
Enric. Yo me irè, aunque no
lo intentaba, dando en esto
lugar à que vivas tù
Auror. Y serà vivir yo esso?
Enric. Què sè yo lo que me digo.
Auror. Yo sè muy bien lo que siento.
Sale el Rey. Enrique? Aurora?
Los dos. Señor.
Enric. Si me oyò! *Auror.* Si oyò mis ecos!
Rey. Esto ha de ser: A la vista
de que Amor en vuestro extremo::-
Dentro. Arma, arma. *Otros.* Guerra, guerra.
Rey. Pero què escucho? *Enric.* Què es esto?
Sale Guirrete. El enemigo, señor,
que empieza à tocar à miedo.
Sale Sotana. El Escocès, que alterado
tiene todo el Campo nuestro.
    Sale el Duque.
Duq. No sè, gran señor, què Ingleses,
osadamente dispuestos,
acometieron bizarros,
tanto, que en batalla han puesto
al enemigo. *Sale el Conde.*
Cond. Y tus huestes,
en el socorro acudiendo,
dicen::- *Dentro unos.* Viva Inglaterra.
Otros. Viva Escocia. *Enric.* Pues si es esso,
què es lo que ordenais, señor?
Decid. *Rey.* Que te lleven preso
à la Torre de la Quinta.
Auror. Ay, infeliz! *ap.*
Enric. Què oigo, Cielos! *ap.*
gran señor, quando yo::- *Rey.* Conde,
llevadle. *Cond.* Ya te obedezco.
Duq. Absorto estoy: por su hijo
es, sin duda, lo severo.
Enric. Ha de ser? *Rey.* Ha de ser. *Enric.* Pues
vamos, que si Amor es yerro,
esse yerro solamente
es el que confessar puedo. *Vanse los 2.*
Rey. Tù sabràs apriessa, Enrique,
la causa por que te prendo.
Aurora, en la tienda mia
retirada? *Auror.* No teniendo
para retirarme causa,
para ser rayo la tengo.
Quiera Amor, que acierte à ser
para mi muerte mi aliento. *Vase.*
Rey. Seguidla, Duque, seguidla,
con el Campo todo entero.
Dent. Arma, arma. *Duq.* Ya te sirvo. *Vase.*
Rey. Ea, Ingleses, al trofèo,
que oy he de librar à Sol,
à pesar del mundo entero. *Vase.*
Dent. unos. Viva Inglaterra. *Otros.* Viva
Escocia. *Guir.* Sotana, ya es tiempo.
Sot. De què, Guirrete? *Guir.* De què?
de tocar à recogernos.
Sot. Pues toca à recoger. *Guir.* Toca.
Sot. Bravo brio! *Guir.* Grande aliento!
Sot. Sepa el mundo::- *Guir.* El mundo sepa::-
Los dos. Que no somos para esto. *Vanse.*
Dentro. Arma, arma. *Otros.* Guerra, guerra.
Otros. Viva Inglaterra.
Descubrese en lo alto en una reja à Enrico.
Enric. A ellos,
pese al Amor, pues por èl
ocasionado me veo
à oir, y vèr el valor
con que acometen sangrientos
unos, y otros. Oy, España,
no luces tù, pues han hecho
unos cariños, que solo
cariños consiguen esto,
que sepan, que si no riñes,
es por no poder hacerlo.
Dentro. Arma, guerra. *Enric.* No podìa
la crueldad haver hecho
en mi rigor mas acaso
la prisión, si en ella veo
la lid toda: ò quièn aora
de un calabozo en el centro
estuviera mas gustoso,
que no, sin gozarlo, verlo!
    Salen Güirrete, y Sotana huyendo.
Guir. Ea, Sotana, al Castillo.
                            Sot.

Sot. Ea, Guirrete, al gallinero. *Vanse.*
Enric. Hà cobardes! no os infunde
valor oir tales ecos?
Dent. Arma, guerra. *Enric.* Pero quàndo
hay valor en viles pechos?
hà infames rejas, estorvo
del enojo de mi acero!
  Salen Celia, y Flora.
Cel. Flora, para mì no ha sido
la guerra. *Flor.* Celia, lo mesmo
me sucede. *Cel.* Pues la Quinta
nos ampare. *Flor.* A ella corriendo. *Vanse.*
Dentro. Arma, guerra.
Enric. El Rey, el Conde,
y el Duque, contra un entero
Esquadron lidian: hà viles
estorvos de mis alientos!
pedazos os haré.
  Salen el Rey, el Duque, y el Conde, reti-
  randose de unos Soldados.
Rey. Conde,
morir antes, que vencernos.
Cond. Esso busco. *Rey.* Duque, mueran.
Duq. Esso procuro.   *Vanse.*
Enric. Què veo!
los Ingleses se retiran?
pese à tu dureza, hierro!
mas què miro, no es aquel
mi hijo? sì: què es aquesto?
contra Conrado? pues còmo?
  Sale Federico retirando à Conrado.
Fed. Muere ya, caduco viejo.
Enric. Carlos, què dices? *Conr.* Soy rayo.
  Sale Aurora con espada, y defiende à Conrado.
Auror. Y llegò à tu lado un trueno.
Conr. Hija, à ellos.
Auror. A ellos, padre.   *Vanse.*
Enric. Ay Aurora,
tù en peligro, y yo sin riesgo!
ò he de rebentar, villanas
rejas, y quebraros.
  Sale Sol retirandose de unos Soldados.
Sol. Tengo
de morir, ò no vencerme.
Sold. Matadla.   *Sale Carlos.*
Carl. Còmo? què es esso?
aora lo vereis. *Enric.* Hà noble
Soldado! esso sì. *Sol.* No temo
ya, Carlos, en tu valor,

quando es de Enrique heredero. *Vanse.*
Dentro. Arma, guerra.
Enric. Què he escuchado!
hijo de Enrique (què es esto!)
le llama la Infanta? ea,
de una vez todo el esfuerzo
he de aplicar: ò quebraros,
ò rebentar, rejas, pienso.
Sale Federico. Què importa, que se retiren,
Soldados, si los trofèos
se llevan? seguidlos todos.
Dentro. Arma, guerra. *Enric.* Logrè puesto
en mi pesar. *Fed.* Sol divina,
en perderte perdì el Reyno:
perdì à Escocia si te llevan;
sin tì ya::- *Enric.* Valgame el Cielo!
  Quiebra la reja, y arrojase al tablado.
Fed. Què miro! *Enric.* Quièn eres, di,
hijo, enemigo supuesto?
Fed. Rey de Escocia soy, no Carlos.
Enric. Pues sea mio este trofèo.
Fed. Soldados. *Enric.* No te abrazàra,
si baxàra con acero. *Llevale en brazos.*
Dent. unos. El Rey està preso. *Otros.* Toca
à retirar.   *Salen Guirrete, y Sotana.*
Guir. Aora es tiempo,   *Sale Fabio.*
Sotana. *Sot.* De què, Guirrete?
Fab. Voy::- *Guir.* De matar à este viejo.
Sot. Pues à èl. *Guir.* A èl. *Fab.* El diablo
pudo sacarme à tal tiempo.
Señores, à Dios, que aqui
en mì dà fin el Ingenio.   *Vase.*
Guir. Victoria, que huye. *Sot.* Victoria.
Dentro. Victoria por el Rey nuestro
de Inglaterra.   *Salen Celia, y Flora.*
Cel. Ya, Flora,
podemos salir sin miedo.
Flor. Guirrete? *Cel.* Sotana? *Guir.* Flora?
Sot. Celia? *Cel.* Venciò el Campo nuestro?
Flor. Venciò nuestro Rey? *Guir.* Pues no,
si tenìa en mì este aliento?
Sot. Y en mì tenia este brio?
Guir. Por èl dicen en acentos
Militares::- *Dentro.* Viva Enrique,
Rey de Inglaterra excelso.
  Salen el Rey, y Soldados.
Rey. No se cante la victoria,
no se diga el vencimiento,
si à costa de que mi hermana
que-

quede presa es el trofèo.
Hà Enrique, què falta hiciste *ap.*
en la batalla! ò què ciego
te ocultè! pues::- *Dent.* Viva Aurora.
Rey. Què escucho!
Dentro. Viva el Sol nuestro,
viva la Infanta. *Rey.* Què he oido!
Dent. unos. Viva Enrique el Conde excelso.
Otros. Viva Carlos. *Rey.* No havrà quien
pueda decirme, què es esto?

Salen el Conde, y el Duque.

Cond. El Conde Enrique, señor::-
Duq. Aquel Soldado mancebo::-
Cond. Aurora::- *Duq.* La Infanta::-
Rey. En todo
mas confusion me haveis puesto.
Duq. Pues oyelo de sus voces,
pues lo dicen ellos mesmos.

Por un lado del Patio salen à cavallo Sol,
Carlos, Enrique, y Federico; y por el otro
Aurora, Conrado, y acompañamiento, y
suben todos al tablado.

Enric. Invicto Enrique Segundo::-
Auror. Heroico Enrique Primero::-
Sol. Señor, hermano, y amante::-
Enriq. En el nombre. *Auror.* En el esfuerzo.
Sol. En el amor. *Enriq.* A tus pies::-
Auror. A tus plantas::- *Sol.* A tus Règios
cariños::- *Enric.* El Rey de Escocia::-
Auror. Conrado::-
Sol. Tu hermana ha buelto
libre. *Auror.* Viene sin prision.
Enric. Llega à ser tu prisionero.
Conr. Que de mi Aurora fue triunfo
la libertad, que grangeo.
Fed. Porque fue arrojo de Enrique
el mirarme à tus pies puesto.
Carl. Porque en librar à Sol tengan
glorioso fin mis empeños.
Rey. Rey de Escocia tù, y no Carlos?
Sol. Carlos es solo à quien debo
vida, y libertad. *Enric.* Mi hijo
es, señor, en el que vieron
la Inclinacion Española.
Conr. Yo lo asseguro. *Rey.* Pues dexo
el engaño, hasta que tenga
otra ocasion mayor tiempo;

olvido como saliste,
Enrique, à la lid; y buelvo
à dar à Carlos, de todo
mi amor, los brazos por premio;
y si es corto, pide quanto
quisieres; tuyo es mi Imperio.
Carl. Dos cosas he de pedir,
gran señor. *Rey.* Yo las ofrezco.
Carl. Que se buelva Federico
libre, ha de ser lo primero;
que todo serà, si buelve,
señor, à negarte el feudo,
que buelva Enrique à prenderle,
ò yo le conquiste el Reyno.
Rey. Tu gusto ha de ser no mas:
què mas pides? *Carl.* No me atreve
à decir::- *Rey.* Què temes? *Carl.* Còmo
temer? yo nada temo.
Rey. Pues di, què pides? *Carl.* De Sol
la mano, que no merezco.
Rey. Si mereces, y porque
lo veas, dasela luego:
y à Enrique se la dè Aurora,
no se ausentarà por esso,
que por ello le perdono.
Carl. Què alegria! *Enric.* Què contento!
Sol. Feliz fui. *Auror.* Dichosa he sido.
Conr. Dicha estraña!
Fed. Amor, callemos. *ap.*
El feudo rindo gustoso,
solamente por el precio
de ser de entrambos padrino.
Carl. Yo lo admito. *Enric.* Yo lo acepto.
Carl. De esclavo te doy la mano.
Sol. Mi terneza te harà dueño.
Enric. El alma, Aurora, es mi mano.
Auror. Pague mi amor con lo mesmo.
Cond. Celebre el Campo este dia.
Duq. En dulces voces diciendo::-
Conr. Para fin de mis pesares.
Rey. Y colmo de mis trofèos.
Fed. Por victoria de mi gusto.
Auror. Aplauso de mis deseos.
Enric. Lucimiento de Españoles.
Sol. Y gloria de mis contentos.
Guir. Viva España. *Sot.* Viva España.
Todos. Que engendra tales alientos.

FIN.

Con Licencia: EN VALENCIA, en la Imprenta de la Viuda de Joseph de Orga, donde se hallarà esta, y otras de diferentes Titulos. Año 1765.

Printed by Libri Plureos GmbH in Hamburg, Germany